男子要為天下奇
黃一歐傳

黄柏禹　周烨　著

岳麓書社・长沙

书名题签集字　黄　兴

本 书 顾 问　刘　晓　释圣辉　黄伟民

男子要为
天下奇

郑建邦题

全国政协副主席、民革中央常务副主席郑建邦 题词

全国政协副主席、民革中央常务副主席郑建邦 题词

超越時代的先鋒

洪秀柱

中国国民党前主席洪秀柱 题词

序 一

湖南长沙的黄兴故居纪念馆陈列着这样一封110年前的珍贵家书："努力杀贼！一欧爱儿。"当时辛亥革命硝烟弥漫，黄兴亲赴战场督战汉阳时，黄一欧出任沪军先锋队副司令，正挥师进攻南京。这封家书，可谓黄兴"笃实""无我"精神的充分表现，被胡适叹为"八个大字，读之使人慷慨奋为而爱国"。

黄一欧是黄兴的长子，青少年时代即投身于民主革命的洪流，浴血奋战于黄花岗起义、辛亥上海光复和南京光复等战役中，继而参加了护国讨袁、护法、反蒋等革命活动，也怀着建设热情先后主持长沙、天津的城市规划设计和整顿管理工作，经历和见证了清朝帝制结束、民国兴亡风云。

新中国成立前夕，黄一欧重新出山任湖南省政府顾问，协助程潜举行了湖南和平起义。新中国成立后，他先后出任湖南人民军政委员会顾问、湖南省人民委员会委员、湖南省人大代表、全国政协委员、湖南省人民政府参事、湖南省政协副主席、民革湖南省委主任委员，致力于建设新中国和祖国统一大业。

黄一欧是对中国人民革命事业作出了重要贡献的著名爱国人士，是中国共产党的真诚朋友。他追随孙中山和父亲黄兴的脚步，横跨新旧民主主义革命时期和社会主义建设时期，沧海桑田之中，也曾出生入死，也曾备尝艰辛，但赤诚报国，矢志不渝。从辛亥革命到建立新中国，再到改革开放以来中华民族迅速迈向伟大复兴，他初心不改，并亲眼看见自己终身为之奋斗的理想化为曙光。

本书探研和梳理了黄一欧投身时代洪流、追求民主进步的丰富而传奇的革命人生轨迹，较为真实地还原了百年中国奋斗历程中一批仁人志士的精神风范，充分体现了这位秉持“笃实”“无我”之黄氏家训、以身许国此生无悔之辛亥元老人物的历史贡献。值此辛亥革命110周年之际，学习黄一欧等革命先驱的革命人生之路，能够供广大读者参考历史，更好地进行革命理想信念教育和社会主义核心价值观教育，是一件有意义的事情。

刘　晓

（湖南省政协原副主席、民革湖南省委原主任委员）

序 二

“笃实”“无我”是黄兴写给长子黄一欧及其他子女的家训。

“笃实”，诚实、守信之谓，宋儒杨时有“惟笃实可以当大事”一语传世。黄兴的一生，就是笃实的一生。他将此词书赠长子，体现了一位父亲对孩子的督察、教导，更反映了先贤大德对后辈同愿同行、精进报国的期待。

“无我”是佛教的重要概念，是佛教“五蕴”的共相之一。“五蕴”的共相是原始佛教提出的三法印。如何证明祂是佛教的教法？第一个诸行无常，第二个诸受是苦，第三个诸法无我，简称无常、苦、无我。佛陀说：“无我者非我、非我所，非我之我。”也指忘我无私、天下为公的精神境界。黄兴作为民主革命家，他的理解最为简捷，就是心中没有装着自己。

黄兴还有一句名言传世：“名不必自我成，功不必自我立，其次亦功成而不居。”实际上，这句话就把他的“无我”

和“笃实”精神充分地包含在里面。

黄一欧谨遵家训，身体力行，“笃实”“无我”贯穿他的一生，这在本书中历历可见。作为辛亥元勋，他立场明确且坚定不移，始终坚守民族大义，始终赤诚无私报国，表现了高尚的人格和情操，受到了国家的肯定和人民的尊敬。

黄兴和黄一欧一生与佛有缘，特别是与古麓山寺有缘。黄兴青少年时求学岳麓山下的湘水校经堂，并从这里走出湖湘，投身时代革命大潮；他英年早逝后，被以国葬礼仪安葬于古麓山寺后云麓峰下小月亮坪，由寺庙捐地兴建墓园。20 世纪 20 年代黄一欧出任长沙市政公所总理时，为保护好岳麓山、保护好古麓山寺，专门在寺旁建立了警察所。

古麓山寺自晋代创建以来，经过隋唐时期的发展、宋元时期的延续，至明代中期已成为禅宗、净土宗等佛教宗派的重镇，历代高僧辈出，在中国佛教史上具有无可替代的地位和深远的影响。仰借改革开放春风的殊胜因缘，20 世纪 80 年代古麓山寺焕然一新。进入 21 世纪后，盛世明时，古麓山寺积极奉行“人间佛教”思想，为佛教中国化的新气象传播更多的正能量。

作为有着 40 多年戒腊的老和尚，我长期忝任中国佛教协会和湖南佛教协会的要职，数任古麓山寺方丈，前后时达 25 年，并努力为弘扬佛法，为传播东方文明，为促进国内外各民族团结和睦相处、推动世界和平发展效报微劳。提策正念，正信正行，对黄兴、黄一欧两位先贤为国家和民族的独立，人民的幸福，世界的和平所做出的功德，以及他们毕生践行的

“笃实”“无我”精神，我一直感念在怀和无限敬仰！

本书出版之际，我谨书此序，借以表达对黄兴、黄一欧等先贤的深切缅怀，祈望“笃实”“无我”的精神能得到更多人的传承和发扬。

释圣辉

（中国佛教协会副会长、湖南省佛教协会会长）

序三（自序）

激情澎湃的时代，必是英雄辈出的时代；勇往直前的男儿，从此迈入新的历史进程。

一百多年前，革命男儿用鲜血和生命谱写华章，造就了一种精神，震撼了两个世纪。

一个国家，一座城市，没有英雄，没有英雄主义，是没有前途的。

一百多年后，我们在凝望中继续前行，追随祖辈的足迹，传播坚定的信念，在中华大地上，为中华民族的伟大复兴，再次奏响不朽的乐章。

长沙位于洞庭湖南，地处湖南省东部偏北、湘江下游和长浏盆地西缘。它东邻江西省宜春、萍乡两市，南接株洲、湘潭两市，西连娄底、益阳两市，北抵岳阳、益阳两市。据考古发现，在距今15万年~20万年的旧石器时代，长沙地区即有原始人类活动。1976年，长沙市区东部浏阳河畔黄兴故居纪念馆附近的鹿芝岭发掘出一处面积约 5 万平方米的新石器时代先民聚落遗址，距今至少 4000 年。出土文物表明，长沙先民较早地进化到原始农业社会。

商周时期，中原文化南传，与长沙本土文化交融影响，四羊方尊、人面纹鼎等青铜器精品即为明证。春秋战国时期，长沙属楚国黔中郡，见证了楚文化的鼎盛期。秦设长沙郡，长沙时称湘县，为郡治所在。汉称临湘县，为长沙国都城，东汉复为长沙郡治。魏晋时期，先后隶属于荆州、湘州。隋唐时期，改称长沙县，为潭州州治。五代十国时期，马楚政权改潭州为长沙府，定为国都。宋朝建立后，复为潭州，为荆湖南路路治。元朝改为天临路。明洪武初年，更名为长沙府，隶属于湖广行省布政使司。清朝康雍时期，先分设湖南按察使司、湖南布政使司，后改偏沅巡抚为湖南巡抚，均驻节长沙府，从此湖南建置成省，长沙正式成为省会。

民国元年（1912）4 月，并县归府，长沙、善化二县合并为长沙府直辖地。民国二年（1913）裁府改县，原长沙府直辖地改为长沙县。民国三年（1914）6 月，湖南划为四道，长沙县属湘江道（即原长宝道，1916 年裁撤武陵道，其中十一县划归湘江道）。1914 年废都甲设乡镇，长沙县辖七乡十一镇。1920 年，长沙设市政厅，年底设市政公所，废除道，县直属省。1933 年，市县分治，划出长沙县城区，正式设立长沙市。1949 年 8 月，长沙市和平解放。

长沙是楚文明和湘楚文化的发源地之一，有 3000 多年悠久的历史文化，在春秋战国时期开始建城，因屈原和贾谊的影响而被称为“屈贾之乡”。长沙又称“楚汉名城”，2000 多年以来一直是潇湘大地的行政中心，山清水秀、气候宜人，有风景独秀“霜叶红于二月花”的岳麓山，有水洲相拥“春来江水绿如蓝”的湘江，有“千年学府”岳麓书院及西汉马王堆考古发现、三国东吴简牍出土等。古有云：“惟楚有才，于斯为盛。”中国近代史上，长沙更涌现了一批搏击时代大潮的英雄人物，黄兴就是其中一位。

黄兴故居纪念馆位于今长沙县黄兴镇，馆内陈列着一封辛亥革命期间黄兴在汉阳督战时，寄书长子黄一欧的家书，信中正文只有八个字：“努力杀贼！一欧爱儿。”时年 19 岁的黄一欧任江浙联军沪军先锋队副司令，正挥师进攻南京。

胡适看到这封信后叹道：“当年曾见将军之家书，字迹娟逸似大苏。书中之言竟何如？‘努力杀贼！一欧爱儿’，八个大字，读之使人慷慨奋为而爱国。呜乎将军，何可多得！”

黄一欧是辛亥革命元勋黄兴的长子，也是善化经铿黄氏家族的嫡系子孙。如此显赫的家庭背景，在世俗眼光中他算是含着金钥匙出生的人，今后的人生理当富贵太平、安逸闲适。然而，黄一欧的毕生经历告诉我们，他从父亲那里继承的，只有“笃实”“无我”的家风和热爱民族、国家的情怀。

作为近现代中国风云巨变中投身革命时年龄最小、从事革命与建设时间最长的革命者之一，黄一欧满腔热血，先后参加了辛亥革命、护国战争、护法战争、北伐战争、国民党内的反蒋活动、抗日战争、湖南和平解放，新中国成立后不忘初心，为促进祖国统一大业和中华民族复兴不懈努力，见证了祖国近现代历史发生的天翻地覆的变化。“男子要为天下奇”，“须从本色见英雄”，他的传奇人生，是值得后人敬仰和铭记的一生。

目 录

第一章

天生此材必有用

湖南长沙黄兴故居现貌

一、善化经铿黄氏

善化经铿黄氏是湘中望族。据《经铿黄氏家谱》记载，经铿黄氏原籍江西吉安泰和县（隋改西昌县为泰和县，今仍其名，隶吉安市），本是北宋诗人、书法家黄庭坚的后裔。

善化经铿黄氏始迁祖黄国璋，明洪武初年由泰和县迁居长沙府善化县鹏市（今长沙市岳麓区渫湾镇）。黄国璋之子黄兴辅，因在江西永丰县知县任内政绩卓著，曾受明太祖朱元璋召见，后任陕西道监察御史，封奉政大夫、修政庶尹。黄国璋父以子贵，赠文林郎、监察御史。一时间，黄氏家族声名鹊起、荣耀湖湘。

第六代黄宝，登明成化甲辰科（1484）进士，成为经铿黄氏宗族的第一位进士。黄宝后来历官吏部左侍郎、山东巡抚、陕西巡抚。

第九代又有黄洽中，明万历进士，先后出任山西太原知府、江西南安知府等职，官至吏部左侍郎，晚年居善化经铿（今长沙市长沙县福临镇金坑桥村），此后这支黄氏便称为“经铿黄氏”。黄洽中共有七子，均以品德才学闻名乡里。其中次子黄学知为明崇祯庚午科（1630）副榜进士，三子黄学璞为明万历己酉科（1609）举人，六子黄学良为明崇祯癸酉科（1633）举人。

黄兴曾对李书城等朋友说：“我的远祖在清初曾写过遗书，要黄氏子孙永不出仕清朝。”绝大多数黄氏子孙都恪守这

清光绪十八年（1892）善化经铿黄氏家谱

一祖训，因此，经锉黄氏在清代当官的人不多。仅第十四代黄炎中为清雍正丁未科（1727）进士，历任翰林院庶吉士、山西乡试正考官和云南永北知府。此后近两百年间，还出过几个举人出身的官员。

黄一欧的曾祖父黄维德为经锉黄氏第十七代，字懋昭，号月楼，是急公好义、闻名乡里的人物。他在乡里倡捐团谷、积谷备荒，修斋堂、寺庙，筹措育婴公费，经常出面调解邻里纠纷，很受乡民们的尊重。太平天国时期，长沙周围局势非常混乱，黄月楼招募团勇，昼夜巡缉，保护了境内安全。黄月楼因此被授予从九品职衔，军功六品顶戴。此乃虚衔，但反映了其享有的社会地位。现存的黄兴故居建筑始建于同治三年（1864），当时黄月楼正值壮年，所以他可能正是故居建筑的主建者。

黄月楼共有三子：式珍、式璠、式翥。其中幼子黄式翥（1840—1897），字翰翔，又名炳坤，号筱村，是黄一欧的祖父。黄筱村在同堂兄弟中排最末，却是他们那一代的佼佼者，先是考上了县学诸生（秀才），后又补府学廪生。按清代制度，湖南每县学额是每两年考选廪、增生各 20 名（廪生国家包膳食，增生膳食自理），每府每年考选廪、增生各 40 名。清代长沙府的辖区包括今长沙、湘潭、株洲三个地级市，并延伸到今益阳、安化、湘阴、双峰等市县部分地区，能成为长沙府的府学廪生，是一件相当荣耀的事情。学业完成后，黄筱村先是在家里设馆授徒，后到长沙城内的教馆任教。

黄筱村不但学问好，而且为人正直，主事公道，因而被乡民推选为都总。当时，中国的行政机构只延伸到县一级，乡村实行自治，都总的职责主要是维持乡村治安，战时组织乡民自卫，平时负责调解地方矛盾、处理纠纷。如果组织完备的话，都总下辖百长（百户人家左右的首领，相当于民国时期的保长）、十长（相当于民国时期的甲长）及各家族的族长。

黄筱村教学有方、经营有道，除参与修建了一处大庄园外，还拥有“三百石谷田”。据清代经济史资料，“石谷田”在南方一些省份指一石谷种的田，具体面积各地不一。据访问长沙地区老农可知，“石谷田”在长沙地区相当于六亩六分田（0.44 公顷），则当时黄家拥有田亩约 2000 亩。另据黄一欧的大妹妹黄振华回忆，家中田地每季稻米收成为七八万斤。虽然地有肥瘠，但“三百石谷田”不论怎样都是一笔巨大财产。

青年时代的黄兴

黄筱村的第一位妻子是本村的罗氏，生育了四个女儿和两个男孩，长子黄仁蔚早夭，排行第五的黄仁牧后改名黄兴。罗氏于 1882 年秋病逝，次年黄筱村续娶易自易。1929 年易自易去世后，黄一欧领衔立碑，将祖母罗氏、继祖母易自易合葬于今湖南湘潭昭山南麓的黄家祖坟。

黄兴是近代中国著名的军事家、政治家、思想家，是近代中国民主革命的先驱者，是辛亥革命前后重要的革命领袖，与孙中山并称“开国二杰”。创民国之首功，应首推孙、黄。

黄兴去世后，章太炎书写挽联道：“无公则无民国，有史必有斯人。”黄兴富有组织才能，善于团结同志，生平不畏艰难，历次反清武装起义几乎无役不从，表现出坚定的革命意志和顽强的战斗精神。他为人笃诚厚重，顾全大局，处处以国家为念，不谋私利，有君子之风，为中华民国临时政府的成立和民主革命斗争的深入付出了全部。

二、黄家庄园的长孙

晚清湖南善化县龙喜乡（今长沙县黄兴镇）的浏阳河东岸有一处绿树掩映、秀美灵动的丘陵地带，因为相隔不远接连有大小三口水塘而得名凉塘。坐落在凉塘旁边的黄家庄园，背靠浏阳河，面朝鹿芝岭，位于一片视野宽阔田园的小坡上，占地面积 2.4 万平方米，大小房间 53 间。青砖青瓦、古朴周正的这处旧式建筑，始建于 1864 年，至今已见证一百多年的风云巨变。1874 年出生后，黄兴在这里度过了 22 个春秋。

值得一提的是，国学大师王先谦的乡间祖居与黄家庄园仅一墙之隔。王先谦为同治四年（1865）进士，授翰林院庶吉士，曾担任光绪皇帝的老师，官至国子监祭酒、江苏学政，回湘后历任城南书院山长和岳麓书院山长，后葬于龙喜乡凉塘左垄。王先谦的祖宅今已踪迹无存。据王宅遗址附近的年长居民讲述，王宅很大，在距遗址的二三里处就有一个很大的槽门(两湖传统民居对入口院门的统称，一般为独立构筑物)。

王宅与黄家庄园两所古朴典雅的院落并列山水之间，人文气息浓厚，可以想象当年这里高朋满座、谈笑风云的盛况。1903 年，为了创办华兴会，更好地开展革命活动，黄兴卖掉了黄家庄园的房产和田产。几经变迁，黄家庄园一带现已演变成一个欣欣向荣的村落。

黄兴的发妻廖淡如（1873—1939）是同县绅士廖星舫之女（廖氏家族后来出了现代著名作家廖沫沙等优秀人物），婚后一年生下长子黄一欧。她端庄秀丽，传统文化修养深厚，自嫁到黄家后，又跟随黄兴学习了不少新潮知识。除了全心全力地支持黄兴从事革命活动，她后来也投身于社会公益活动，曾担任湖南民立第一女学学监（相当于现在的校教导主任）。

晚年廖淡如

黄一欧，1892 年出生于黄家庄园。“一欧”是个洋气的名字，可以理解为“中国一如欧洲”，也就是报效祖国，促进中华民族伟大复兴，实现崛起成为世界强国的理想。

黄一欧是黄家庄园的长孙，深得长辈疼爱，但这并不意味着溺爱。他自幼随祖父学习《三字经》、对句等，随母亲学习《论语》及背诵唐宋诗文，还随父亲习拳练武。

黄兴热爱体育运动，提倡尚武精神，少时从浏阳人李永球那里学习巫家拳。后来由于蓄志反清，黄兴苦练拳术，技艺大进，虽不是万人敌，但也是一流武术高手。他曾作诗说："朝作书，暮作书，雕虫篆刻胡为乎？投笔方为大丈夫。"同样地，黄兴也要求儿子一欧自幼勤学习、勤运动，坚持强身健体，还经常带着儿子练习拳法、剑术，学习搏击自卫技艺。按照父亲的要求，黄一欧从五六岁开始就在脚上绑着沙包跳板凳、跑步。

少年黄一欧与母亲廖淡如、大妹妹黄振华

据黄一欧后来回忆，祖父黄筱村身材肥胖，乡间传统谓之福相。对于这个长孙的出生，祖父欢喜得不得了，经常将孙子摆在自己的大肚皮上面玩耍。

继祖母易自易把这个长孙当成心肝宝贝。大家庭吃饭没什么好吃的，每次继祖母总是让黄一欧到一旁去吃，原来饭碗里面埋了个煎鸡蛋，继祖母怕其他人见了不高兴。一次黄一欧贪玩，将戴的帽子上面的一颗红宝石吞下肚去了。继祖母闻讯大惊，不知如何是好，赶忙让两个长工站在左右，将黄一欧连续举起放下，意在加速肠道运动以排出异物。第二天早上，黄一欧将洗干净的宝石拿去给她看，老人家这才放心。

黄一欧到了读书年龄后，黄兴将他送到岳父廖星舫那边的一个老秀才家里，同廖家几个孙子一起上课，黄一欧就这样成了插班生。逢年过节，黄一欧还是要回黄家庄园团聚的。不过他非常调皮，不是上树掏鸟蛋，就是下水捞鱼虾，或者到处挖蚯蚓、捉蟋蟀，弄得一身脏兮兮的，经常惹得黄兴生气。每当黄兴要打他时，他就赤脚跑进水田里，黄兴穿了鞋，不好下水，只好在田埂边上连声呵斥出气。接着往往看见继母易自易一双小脚歪歪斜斜地从屋里一路小跑出来百般讲情开脱，黄兴只好顺势消了气。

1901 年 7 月，黄兴回家探亲，随后携妻儿迁居长沙城内的文星桥三户里。1903 年黄兴执教长沙明德私立学堂（后文简称明德）后，黄一欧随同入学，被编在明德小学部乙班，同班同学中有唐伯球、陈果夫、阎鸿飞、宾镇远等。对于做父亲的学生，黄一欧有这样一段回忆：“从五六岁起，先君就要我在脚上扎一个沙包跳板凳，先是矮的，以后跳高些的，如此反复练习，搞了好几年。十二岁进了明德学堂小学乙班，先君还要我在脚上扎二斤来重的沙包在操坪里跑步。”

黄一欧还曾回忆道：在长沙任教期间，黄兴除了在明德教书外，还担负了经正学堂、安徽旅湘公学、湖南实业学堂和湖南民立第一女学的教学任务。在此期间，黄兴的继母易自易也在湖南民立第一女学任副监督（副校长）兼舍监，夫人廖淡如则任该校学监。这样，黄兴和继母、妻子便成了同事。

其实黄兴在两湖书院学习期间，就常把自己读完了的书寄给继母和妻子学习，希望她们用这些新知识提升自我、教育孩子。在女子教育方面，1905 年湖南在全国率先成批录取了 20 名女学生赴日本留学，其中大部分为湖南民立第一女学的学生。因此，黄兴和继母易自易、妻子廖淡如可以说是近代中国女子教育及女子留学教育的开拓者。

无忧无虑的童年总是短暂的。追随父亲从事革命宣传、组织革命活动的身影，少年黄一欧耳濡目染，从此开启了一生的传奇。

相关链接

黄兴

黄兴，字克强，又名轸、字庆午，1874 年 10 月 25 日午时出生于长沙善化县黄家庄园。他五岁开始随父读书，1893 年进入长沙城南书院学习，1896 年县试中秀才，1898 年由长沙湘水校经堂保送至武昌两湖书院深造。他曾深入研究《孙子兵法》，“而于地理一科及体操尤为精勤”，为日后革命打下了基础。

1899 年秋，受湖广总督张之洞选派，黄兴等人到日本考察教育，次年春归国。1902 年春夏之交，湖北省选派 31 名官费生赴日留学，黄兴是其中唯一的湖南人。因为这段因缘，张之洞去世后门生故旧捐资镌立遗爱碑时，黄兴与董必武等人也列名其中。

在东京弘文学院学习期间，黄兴与杨笃生等创办《游学译编》，宣传民主革命和民族独立。1903 年 4 月 29 日，因沙俄不从我国东北撤军，黄兴组织 500 多名留学生在东京神田锦辉馆声讨沙俄罪行，并和蓝天蔚组织了拒俄义勇队，准备回国开赴东北抗击沙俄。同年 6 月，黄兴回到长沙，在明德主持新开办的速成师范班，从事革命宣传。

1904 年 2 月 15 日，在黄兴一手推动下，中国国内最早的反清革命团体华兴会在长沙正式成立，他被推为会长。华兴会以“驱逐鞑虏，复兴中华”为口号，提出由湖南首先发难、争取各省响应的革命策略。1904 年 10 月，由于起义风声走漏，清朝官府派兵查封了华兴会，起义未发动即告失败。黄兴从长沙转移到上海，再逃往日本。尽管这次长沙起义因走漏消息而告夭折，却震动了清朝封建统治，被誉为“中国内地革命之先声”。从此，革命风潮“弥漫三湘”，黄兴日益成为革命志士心中反清革命的领袖人物之一。

1905 年 8 月 20 日，中国同盟会在东京成立，孙中山任总理，黄兴任执行部庶务，负责日常会务和组织革命活动。黄兴和孙中山、章太炎制定了一整套《革命方略》作为指导革命党人在国内发动反清起义的纲领性文件。从此孙、黄成为肝胆相照、甘苦与共的亲密战友，共同承担起领导中国革命的重任。

孙中山自1895年后遭到清朝政府的通缉而流亡海外多年，黄兴则利用多个身份掩护，多次直接领导国内革命武装起义，正如陈其美致函黄兴时所言："夫谓足下为革命实行家，则海内无贤无愚，莫不异口同声。"在艰难困苦、可歌可泣的革命武装起义斗争中，虽然历经挫折，但黄兴屡败屡起，愈挫愈奋。1911年武昌起义爆发后各省纷纷响应，清朝统治土崩瓦解，由孙中山和黄兴领导的辛亥革命最终推翻了中国两千多年的封建帝制，建立了亚洲历史上第一个民主共和国。

1913年3月20日，袁世凯派人暗杀国民党代理理事长宋教仁。获悉宋教仁遇刺后，孙中山由日本返国抵上海，黄兴苦于没有革命军队调用的现实，一度主张法律解决，后孙中山决定兴师讨袁，黄兴亦表示赞同，史称"二次革命"。讨袁斗争失败后，黄兴再次逃往日本。后应孙中山的强烈要求，他决定去往美国。此后，他寓居宾夕法尼亚州的美地亚，积极从事反袁宣传，与国内的蔡锷等密切联系，策动各派力量联合讨袁，并为组织讨袁军出谋划策、筹集军饷。

1915年12月12日，袁世凯经过长期准备，公然复辟帝制。黄兴愤慨至极，在美国加紧了反袁斗争组织活动，并急派长子黄一欧去日本参加倒袁活动，以呼应蔡锷等人。蔡锷首先在云南组织护国军以讨袁，黄兴又将身边人员派遣回国准备参加反袁战争，自己则大力为护国军筹集军饷，为再造共和尽到最大努力。

1916年7月，黄兴回到上海，同孙中山恢复了往日的亲密关系，一道为恢复《中华民国临时约法》、组织内阁、惩办帝制祸首而斗争。正当革命深入进行之际，黄兴积劳成疾，于同年10月31日病故于沪，年仅42岁。病危弥留之际，他叮嘱侍奉在侧的黄一欧、黄振华兄妹："吾死汝勿泣，留此一副急泪，为他日苍生哭，则吾有子矣！"

廖星舫

廖星舫，学名晋甲，又名正升，长沙善化东乡廖家河（今属长沙市雨花区跳马镇）人。据廖家河《廖氏族谱》记载，廖家河廖氏始迁祖廖永清在明初迁至长沙，被尊为星沙廖氏开基祖。数百年来廖家子孙繁衍，派别支分，成为善化县的书香门第、湘中大族。

按族中规矩，男丁取名都用字辈，廖氏至第十七代之后，字辈为"可正家训，定发其祥"。第十七代廖可送育有正升等四个儿子，次子正升（字星舫，号幽篁）为清代例授登仕佐郎。廖星舫生了家芃、家芷、家芸、家芥、家萱等五个儿子，生二女，次女廖淡如。廖家河与凉塘隔河（浏阳河）相望，廖、黄两家均为望族，双方结亲被时人称为门当户对。1891年，廖淡如嫁给了河对岸黄家庄园的黄轸，而黄轸就是缔造中华民国的元勋黄兴。

1903年黄兴赴日留学归国后，在长沙筹划成立旨在推翻清政府的革命组织华兴会。廖淡如随同黄兴在华兴会打理内务。廖淡如还把黄兴的革命理想写信委婉告诉了父亲廖星舫，劝说父亲尽可能做些力所能及的事。廖星舫收信后，一方面表示支持女婿黄兴做大事，另一方面，他也瞒过清廷的耳目，在家乡多方筹措资金给黄兴做革命经费。

正是因为倾向进步并做出实际贡献，廖星舫于 1909 年（清宣统元年）成为省议会投票选举议员当选人，1912 年（民国元年）成为国会投票选举众议院议员当选人。

廖淡如

廖淡如 1873 年生于善化县廖家河。廖家河廖氏以诗礼传家，族中的适龄儿童不论男女都集中接受免费教育，因此出生在书香门第的廖淡如成长为一名知识女性。她眼界很高，思想活跃，这使得她在为人处事方面特别宽容、实诚和笃定。

廖淡如从小喜欢听太平天国起义的故事，羡慕太平天国起义军中没有裹脚的女兵的飒爽英姿。当时的中国，大户人家的闺秀没有不裹脚的，三寸金莲是几乎所有汉族妇女的审美标准和追求目标，但是个性倔强的廖淡如对父母经过十几回合的抗争，终于有了一双大脚。后来，她对子女说：幸好有这样一双大脚，使她婚后协助丈夫进行革命活动时在行动上比较自如。

1891 年的秋天，按照当地风俗，18 岁的廖淡如乘坐八抬大轿在唢呐、鞭炮声中嫁入黄家庄园中堂东边的正房，与丈夫黄兴开始了相亲相敬的婚姻生活。廖淡如与黄兴生育了三子二女，分别取名为一欧、振华、一中、德华、一寰。

在之后的革命生涯中，廖淡如任劳任怨，支持丈夫出门远游、求学酬志；毁家纾难，全力追随黄兴的革命事业；颠沛流离，带着子女七次躲避清廷和袁世凯的追缉；含辛茹苦，侍亲养老、抚养子女，五个子女各有所成。

廖淡如走过的人生，正处于近代中国一段疾风骤雨般的历程中。她身上兼具菊花性格和湖湘精神，在中国社会由君主专制转变为民主共和的伟大斗争中，她是成千上万奋不顾身的革命者中的一员，为黄兴在组织革命政党、筹集革命经费、开展革命宣传等方面都做出了贡献。

1916 年黄兴去世后，廖淡如极度悲伤，但为了家中老小她选择了坚强独行，在军阀混战、烽烟不断的岁月里将儿女一一督教成才。全面抗战爆发后，廖淡如带领家人辗转迁移，由于年高体弱，1939 年病逝于重庆。

第二章

投笔方为大丈夫

我血實篤

一、明德私立学堂

明德私立学堂由胡元倓创办。胡元倓，字子靖，号耐庵，晚年自号乐诚老人，湖南湘潭人，“留着胡须，个子不高，声音很清楚”。“明德”的典故，源自“四书”之一的《大学》开篇：“大学之道，在明明德，在亲民，在止于至善。”1903年3月29日，明德私立学堂在长沙诞生，胡元倓任监督，他的姑父、学堂的捐资人之一、在籍刑部右侍郎龙湛霖任总理，首批招收甲乙两班共80人。

晚年胡元倓

胡元倓偏爱私立学校，他认为私立学校人事稳定、计划一贯，受政治因素影响较小，可以更好地实践办学者的办学思想。在明德的影响下，私立学校成为近代长沙中等教育的中坚，“明德开湖南私立学堂之先声，立中国私立学校之规制”。

明德先后创办中学、速成师范、理化博

物选科、高等小学、中学补习科、东语理化专科、茶陵速成师范、初等小学、攸县速成师范、南京高等商业学堂、中等商业预科、中等商业本科、中学预科、银行专修科、政法别科等多学制班别，以中学为中心，上下扩展，自成一体。

明德校园旧影

早期明德名师荟萃。明德名师有黄兴、刘揆一、宋教仁、陈天华、章士钊、胡瑛、张继、周震鳞、王正廷（浙江奉化人，曾任北京民国政府代总理，推动奥林匹克体育赛事在中国的发展，号称“中国奥运之父”）、苏曼殊（广东香山人，通英、日、梵文，长于文艺）、秦毓鎏（江苏无锡人，华兴会副会长，后任南京国民政府总统府秘书）、陈介（湖南湘乡人，通多国语言，后任南京国民政府外交次长、驻多国大使）等人。

明德学堂素有“辛亥革命的摇篮和策源地”之称。

1. 民主革命的大本营

明德学堂在辛亥革命史中的地位，堪比武昌之“花园山聚会”。1903 年，刚从日本留学归来的黄兴、张继、陈天华等欣然应聘任教于明德。黄兴的到来催生了明德的革命群落，至 1904 年，一支阵容强大的革命师资队伍悄然成型，即将叱咤风云的革命弄潮儿云集明德。

明德学堂大力倡导革命学说，大量印发革命书刊，课余演讲、讨论中鼓动革命，甚至连食堂也贴有黄兴题写的对联“劝诸君努力加餐，每饭莫忘天下事；看先贤断齑划粥，立身端正秀才时”，无不带有浓厚的革命色彩。1919 年，毛泽东在《湘江评论》创刊号的《学界风潮》文中写道：“明德学生……好干事，不怕死，是他们的特色。反抗官厅，不服压制，是他们外发的表征……时务虽倒，而明德方兴。”

湘江評論

湖南图书馆珍藏的《湘江评论》创刊号（局部）

明德师生很多走上职业革命道路，日后成为辛亥革命的中坚力量。国内第一个资产阶级民主革命团体——华兴会成立于明德，主要由明德人策划组织。1904 年华兴会成立大会上到会者 100

华兴会部分成员1905年合影于日本东京。前排左起一为黄兴、三为胡瑛、四为宋教仁、五为柳大任，后排左起一为章士钊、四为刘揆一，均为明德师生

余人，其中明德师生就有40余人，会议还决定以明德学堂为活动基地，使后者成为近代湖南革命运动的中心。1905年中国同盟会在东京成立，首批会员中有明德师生19人。

2. 用生命谱写悲壮篇章

革命起义中，明德志士总是身先士卒。1904年开“内地革命之先声”的长沙起义就是在明德学堂策划的。黄兴以明德为基地，分派华兴会会员各处联络，并在理化教员掘井觉太郎的帮助下于学校理化实验室制造起义用的炸弹。

同盟会成立后的反清武装起义，包括民国成立后的反袁斗争，黄兴等明德志士几乎无役不与。例如1906年的萍浏醴起义，1911年的黄花岗起义、武昌起义，1913年的“二次革命”，明德志士总是身先士卒、视死如归。晚清时期以死报国的“蹈水三烈士”中，陈天华、杨毓麟是明德的教员，姚宏业是明德速成师范一班的学生。手握重兵、准备率师直捣北京的吴禄贞，也是明德的教员。“孙中山”一名的发明者章士钊，是北京明德大学（1913年黄兴、胡元倓等创办）的教员。如果不是章士钊“贸贸然”地将“孙文”与“中山樵”的两个姓氏“摞起来”组成新的人名“孙中山”，今天“孙中山”的名字能如此响亮？

“同盟会第一烈士”刘道一，是明德学生。配合黄兴指挥广州黄花岗起义的赵声，是明德早期教师。

辛亥革命中做过光复军总司令、吴淞都督的李燮和，被称为“中国第一任外交部部长”的胡瑛，都是明德学堂经正一班的学生。

后来成为民国政坛名人的谭延闿（字组庵）是明德早期的校董，陈果夫是明德的学生。特别是谭延闿，曾以其母李氏的名义捐资黄金千两充作明德经费，并在明德结识黄兴之后终身钦敬有加。他在追求君主立宪的道路上碰得头破血流之后，终于认定“国内政治已无可为”，只有走革命道路才能挽救国家危亡，也就转过来与革命党人结盟，倡导“文明革命”。他不仅利用自己省咨议局议长的身份，保护了一批革命党人和奔走于革命的绅士，而且在辛亥革命湖南反正成功后出任湖南军政府民政部长。出任湖南军政府正、副都督的同盟会会员焦达峰、陈作新被害后，他又被人抬上都督位置，一度遥相呼应黄兴的革命行动，为稳定湖南这个战略后方起了重要作用。

还有更多响亮的名字：秦毓鎏、苏曼殊、周震鳞、李书城、宁调元、杨德麟、阎鸿飞……要么是明德的教师，要么是明德的学生。

据统计，湖南辛亥英烈300多人中，其中就有明德校友40多人。

明德学堂不仅是华兴会的产床，是资产阶级革命派长沙起义的掩护所，更是培养辛亥革命中坚力量的摇篮。

3. 志同道合，掩护革命行动

明德学堂办学旨在“非兴学无以救亡”，明德的教育救国与黄兴的革命救国大方向是一致的，因而明德学堂一创办，其革命性就成为一道独特的光芒。胡元倓认为革命是必要的，但革命之后的“再做”就必须依靠教育。所以，明德一方面殚精竭虑地办学倡教，一方面也竭尽其能地支持革命。

明德学堂成为新旧势力交锋的主要场所，而胡元倓等明德人冒着学校撤销的危险，对黄兴等革命党人肝胆相照、掩护救助，与革命事业结下不解之缘。陈天华在明德教书时印发《猛回头》《警世钟》等革命书籍，黄兴以明德教师职务为掩护进行地下革命活动。针对这些，一些反动士绅向官府告密，胡元倓等明德人尽力周旋，甚至不惜以身家性命担保，使得有惊无险、事情终得平息。

华兴会成立后，长沙起义计划泄露，清政府准备发兵拿人，胡元倓对湖南省学务处总办张鹤龄说：“诸事我均与闻，君如需升官，吾之血即可染红君之顶子，拿我即是。”张鹤龄以手击桌回道：“此狗官谁愿做！此刻看如何保护他们。”后帮助黄兴躲避追捕，终使脱险。

明德学堂是具有革命历史的百年名校。从一创办，它就以优秀的师资、先进的设施、规范的管理、良好的校风享誉海内外，所取得的成就书写了中国近代教育史上的光辉一页。

明德大学为全国私立大学之首，1913 年由黄兴、胡元倓领衔在北京创办，并两次获得教育部嘉奖。1915 年春，教育部举办全国专门学校成绩展览会，审查结果显示明德大学得 77.8 分，居全国私立大学第一。1917 年春教育部视学李步青来湘视察，对明德学堂赞赏有加，返回后写报告称：明德学堂规模宏大，成材众多，在全国私立学校之中，实为有数。他为此书写并赠予明德学堂“成德达材”横匾。当时社会上将明德、南开（天津）、心远（江西）称为中国诸所大学中的三大私立名校。

毛泽东在《湘江评论》上赞扬明德学堂“时务虽倒，而明德方兴”，在青年毛泽东眼里，明德学堂是改造社会、传播思想的重要场地。秉承“坚苦真诚”的校训，明德涌现了一批杰出的学生，如李燮和、任弼时、周小舟、周谷城、黄少谷、张平子、欧阳予倩、傅任敢、蒋廷黻等党政要人和文化名流。在这样的学风校风熏陶下，黄一欧也迅速成长起来。

进入明德小学部乙班读书后，黄一欧聪明好学的一面迅速表现出来，他特别喜欢听黄兴等进步教师讲课。

有一次教室里老师正在讲授小学课文，黄一欧和几个同学悄悄拉开后门，从门内溜出来，悄悄地跑到黄兴讲课的教室外，趴在后门偷听。教室内黄兴正在大声朗诵陈天华宣传革命思想的名篇《警世钟》，教室内的进步学生们听得群情激昂、热血沸腾。

黄一欧通过门缝看着教室里的黄兴，被里面的气氛感染，莫名地也随之情绪高昂。另一个同学听了一会，略微觉得无聊，他拉了一下黄一欧说：“我们回去吧，待会老师要发现了。”

黄一欧正听到激动处，不愿意走，眼睛看着教室内，嘴上说：“我再听会儿，你们先走。”

这时，也在明德任教的周震鳞正好经过：“一欧，你不去上课在这干吗?”

黄一欧说：“我来听父亲讲课。”

周震鳞说：“你才多大?！这些都是大人们的事，你不懂，好好去念书。”

黄一欧说：“周先生，此言差矣！‘天下兴亡，匹夫有责’！”

听到动静，黄兴从教室里走了出来。周震鳞看着黄兴，满脸带笑，“黄兄，你来看看你儿子，他刚刚教训我了，说‘天下兴亡，匹夫有责’”。

黄兴看了黄一欧一眼，黄一欧立刻噤声，不敢说话。直到黄先生说了一句“你还不回自己教室”，黄一欧才如释重负，脚底抹油逃也似的离开。

黄一欧的明德同学中，陈果夫是浙江吴兴人，和黄一欧同年，只不过小黄一欧五天，所以他后来见黄一欧时一直敬称“一欧大哥”。

陈家是生意人，陈果夫身上裹的是绫罗绸缎，脚上穿的是皮鞋，比起乡下穷学生的布衣布鞋来要神气得多。可是有一条，城里的孩子打架不在行。黄一欧和一个最要好的同学阎鸿飞（字幼甫，民国初年任湖南省军务部长，驻德国中将衔武官）曾设计将陈果夫弄到污水中，后者那一身漂亮的衣服立刻惨不忍睹。陈果夫听不太懂湖南话，入读明德期间学业成绩平平，在17位同届毕业生中排名第11名。

陈果夫、陈立夫兄弟的叔叔是辛亥革命后出任上海都督的陈其美（字英士）。陈其美是蒋介石的恩人。蒋介石发迹后，没有忘记提携二陈，将特务系统——国民党中央组织部党务调查科，即后来改称中央执行委员会调查统计局的中统交给他们。二陈红得发紫，有“蒋家天下陈家党”之说，世人称为CC系。

20世纪30年代黄一欧在南京时，一次受朋友之托，为一位留学回来、淹屈难进的青年才俊找份事做。他想了想，直接前往陈果夫担任代部长的国民党中组部。门卫说陈部长在开会不让进。黄一欧气极，用文明棍在水泥地上乱戳，大骂陈果夫当了官有什么了不起，连老同学都不认了。陈果夫在楼上办公室里听见外面喧哗，忙问是怎么回事，一听是一欧大哥来了，连说“快请进”。黄一欧所托付的事情最后很快就办好了。湖南人的骡子脾气就是这样，有时还挺管用。

黄一欧之所以与陈果夫仍保持友情，一个原因是后者私德尚可。冯春龙《国民党中常委的最后归宿》这么评价陈果夫：在国民党官僚中算是比较清廉的，除了薪水外，没有什么额外收入。有一年，中国农民银行请陈果夫题词，他写道：“一文不取谓之清，深思熟虑谓之慎，刻苦耐劳谓之勤，注意时效谓之敏。”大约也是其自励之语。

二、华兴会和长沙起义

目睹国家的任人宰割和清廷的腐朽专制，1903 年开始，黄兴等进步留学生即计划归国“策划革命”。同年 6 月黄兴抵达上海，见到长沙明德学堂监督胡元倓。不久黄兴回到长沙，即应胡元倓之请，主持明德学堂速成师范班。黄兴邀请张继来湘任历史教员，吴禄贞、李书城应邀“来湘小住”，陈天华、宋教仁等也应约先后来长。他们以明德学堂为基地，进行革命宣传，发展革命力量。黄一欧等为代表的明德学子，在这里受到了革命思想的熏陶。

黄兴执教明德期间，与他一起充当教习的不少是留日回国、倾向革命的人，他们充分利用教师的身份，向学生灌输革命思想，又大量翻印《革命军》《猛回头》《警世钟》等革命书籍，散发军商各界。他们还广泛联系三教九流如会党组织哥老会，使许多人萌发了革命思想，为华兴会的成立提供了良好的群众基础。

1903 年 11 月 4 日，黄兴借庆祝三十寿辰（虚岁）为名，邀集包括湘籍爱国志士刘揆一、章士钊、宋教仁、周震鳞、胡瑛等在内的革命同志12人，在同为留日学生、后来参加同盟会的彭渊恂位于长沙保甲局巷的家中举行秘密会议。会上决定以兴办矿业为名成立华兴公司，实为建立反清革命团体华兴会。1904年2月15日（癸卯年除夕），在胡元倓表兄龙璋的长沙西园寓所，华兴会借聚宴之机举行成立大会，有省内外100多人参加。黄兴被推举为会长，宋教仁、刘揆一为副会长。

晚年龙璋

华兴会没有财团富豪支持的背景，黄兴只好动员亲朋好友进行捐献，自己带头捐资。为此，黄兴说服继母将“三百石谷田”约2000亩的祖传田产和占地面积36亩的黄家庄园全部变卖，折价约24000串钱。

黄兴的继母和妻子用行动表示了对黄兴的支持，服从革命需求，搬离祖居，在离凉塘七里地的浏阳河畔石家河的一栋黄家旧屋里暂时安顿了下来。继母易自易不但是精心呵护后代的长辈，而且相当有个性，精明能干；妻子廖淡如的一生虽未留下著述篇章，但她教育儿女有方、个个成才，是一位很有主见、很有头脑又通情达理的女性。她们支持黄兴为了革命毁家举事，自己也义无反顾地放弃了优渥的生活并直面此后的种种颠沛流离，对近代中国民主革命做出了无私的重大的贡献。

1904 年春，华兴会决定于当年十月十日（11 月 16 日），趁西太后七十生辰、省城的文武官员在万寿宫皇殿（故址在今长沙市五一广场）行礼之机，举行起义。

华兴会的革命组织工作还深入到会党中，在长江流域影响很大的哥老会也被吸收进来，黄兴诗句“结义凭杯酒，驱胡等割鸡”即描述此事。9 月，华兴会在浏阳普迹市为哥老会首领马福益举行少将衔授衔仪式，并赠予枪支、马匹，“仪式庄严”，斗志极为高昂。

当时，华兴会制订了一个长沙举义、五路响应的计划，即省城以武备学堂学生联络新旧各军为主，哥老会徒众为辅，于十月十日发动起义。长沙以外则以马福益哥老会为基本队伍，分为五路，由谢寿祺、郭义庭组合浏阳、醴陵义军；申兰生、黄人哲组合衡州义军；游德胜、胡友堂组合常德义军；萧桂生、王玉堂组合岳州军队；邓彰楚、谭菊生组合宝庆军队。各路均由华兴会派遣指挥与监军，一旦发动，即会同向长沙进攻。

然而，在起义紧张筹备之际，由于事机不秘，9 月初，消息泄露，萧桂生、游德胜等多人被捕，次年 4 月马福益也遭搜捕遇害。

1904 年 9 月中旬，署湖南巡抚陆元鼎下令大肆搜捕革命党人。10 月 24 日，正值黄兴 30 岁生日。大约早上 7 点，西园龙府的龙璋差人持帖子来请黄兴过府一叙，当时黄兴租住在北正街紫东园附近，正准备制作长沙有名的寒菌面招待三位进城探亲的姐姐，就没有去。过了半个多钟头，龙璋第二次差人持帖子来催，黄兴只好接受邀请。

当黄兴刚刚坐轿出门，在门口就和来捕捉他的差役迎面碰头了。气势汹汹的差役劈面就问："你是黄轸吗?"

黄兴情急智生，镇定地回答说："我是来会黄轸的。他家里人说他到明德学堂去了，我要再到那里去找他。"

于是差役跟着黄兴的轿子到明德学堂。黄兴佯称进去叫黄轸出来，叫差役们在门口等候。他进校后从小侧门溜出，躲进一墙之隔的西园龙宅，两三天后转移到附近吉祥巷的圣公会华人牧师黄吉亭处。10 月 26 日晚黄兴化装成海关人员，由黄吉亭、基督教教徒（后加入同盟会）曹亚伯护送乘小船至靖港（今属长沙市望城区），搭轮船赴汉口转道上海赴日。随着黄兴等主要领袖被迫逃亡，长沙起义宣告流产。

长沙起义事泄，黄兴被迫逃亡，他在城内的家宅立即被军警包围。黄一欧当时只有 12 岁，还是个稚气未脱的儿童。他见到大队清兵从前门冲进来，察觉情况危急，赶紧乘乱从后门逃了出来。没有料到从踏出家门那一刻开始，小小年纪的他从此过上东躲西藏的流亡生活，正式卷入了革命风暴。

黄一欧躲开沿街布置的清兵岗哨，飞跑到明德学堂向自己最亲近的沈迪民老师说明情况，请他赶紧设法解救黄家其他人。过了两天，沈老师告诉黄一欧，黄兴已经脱险，躲到了安全的地方。但外边已经贴出许多官府布告，因为黄一欧是黄兴

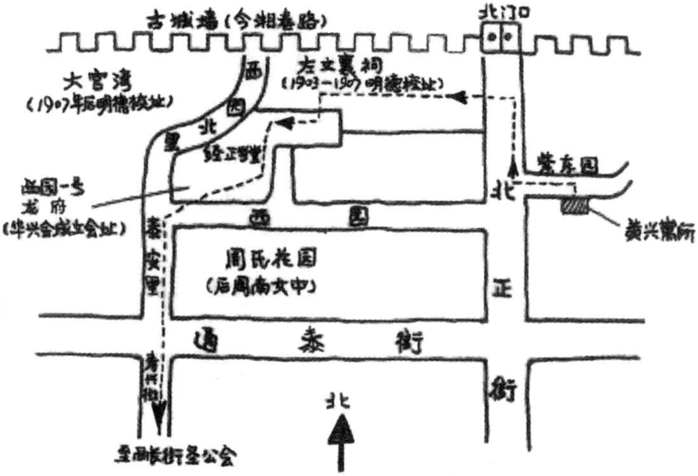

1904 年长沙起义失败后黄兴脱险出走示意图

的长子，也一块被列入了通缉名单。明德学堂人多眼杂，不是久留之地，于是沈老师将黄一欧送到长沙南门晏家塘陈树藩家。

陈树藩是黄兴好友陈嘉会的父亲，本人也十分同情革命活动，因此满口应承一定全力保护。黄一欧在陈家住了一阵，每天藏身在陈树藩的书斋，不敢离开半步。后来因陈家来往客人较多，其中还有官府的人，为安全起见，黄一欧又转移到南洋街张斗枢办的书店小阁楼上，同样是每天不敢下楼，饭菜都由专人送。

一天，黄一欧安静地坐在阁楼上，阁楼里光线暗淡，昏黄的光线里，看得出他面色晦暗，憔悴不堪。书店做饭的张嫂上楼来，手里端着饭菜。听说家人暂时无恙之后，黄一欧接过张嫂手里的饭菜，风卷残云般瞬间一扫而空。

正在这时，对面楼店里传来吵闹声，黄一欧警觉地到了窗口往下看。一队清兵正拿着黄一欧的画像询问路人，向书店走来。张嫂吓了一跳，对黄一欧做了个手势，匆忙下楼去了。

清兵进了书店，张斗枢赔着笑脸应酬。为首清兵手拿画像示意张斗枢："你见过这个人吗？"

张斗枢看了眼画像，佯装平静，摇摇头。清兵在书店里扫视了一番，见全是书，顿觉无油水可捞。其中一个看了一眼阁楼，张斗枢忙说："官爷，上面真的都是一些不用的杂物。这是老房子，木板都有些年月了。您这上去，我这书店非得塌了不可。"

清兵说："啰唆什么！都上去看看。"

众清兵准备上楼，张斗枢急得冒汗。张嫂急中生智，伸手打翻了钱匣子，碎银铜钱滚了一地。

清兵们望着地上的钱，看了一眼张斗枢。张斗枢忙说："张嫂，这钱都是孝敬给官爷们喝茶的，你怎么弄洒了？"

眉开眼笑的清兵们纷纷忙着捡钱，也顾不上上楼了。张斗枢与张嫂互望一眼，庆幸躲过一劫。

抓捕的风声越来越紧，张斗枢考虑城里实在无法安身，想来想去，决定还是转移到乡下才好。于是，黄一欧被打扮成小姑娘与张嫂装成母女，骗过守城清兵，离开长沙府城到了善化县乡下，躲在廖家河外婆家中。

可官府仍然不肯罢休，非要斩尽杀绝，又顺藤摸瓜，派人到廖家河搜捕。

一天，黄一欧骑在一头水牛背上，从村口缓缓出来，准备让牛到附近的小河中洗澡。谁知偏偏不迟不早，恰巧与来搜捕他的清兵狭路相逢。

领队的清兵头目见对面来了个乡下小孩，身上的衣裳十分陈旧，还有几个补丁，下面光着一双赤脚，脚上似乎还沾着肮脏的牛粪，所以完全没有在意，随口问了一声，“这里是不是廖家河”。他根本没有想到这正是他们要抓的黄一欧，因为他认为黄兴出身锦衣玉食的书香门第，岳父家在廖家河也是有头有脸的大户人家，他们家的子弟应该是粉雕玉琢的公子哥儿，出门有仆人前呼后拥，绝对不会这样寒酸。

殊不知黄一欧从小深受父亲教导，早已养成勤劳朴实的优良品德，喜欢与平民百姓打成一片。即算是在外婆家避难也没有改变这些好习惯，他每天除了温习功课，只要有空闲时间，就和家里的长工一块干活，看牛只能算是家常便饭。

在残酷的革命环境中，黄一欧正在迅速成长。有了上次清兵围抄自己家的经验，他马上察觉来者不善，但还是十分镇静，不紧不慢地回答：“这里是廖家河。”幸亏这身打扮骗过了清兵，也幸亏那头目没有要他带路，不然的话，几乎又是“黄兴带兵抓黄兴”的重演。

一直等到清兵进村之后，黄一欧才赶紧从牛背上跳下来，对着水牛的屁股狠狠一鞭，打得水牛狂奔而去。然后他独自沿着小路，跑到长沙东乡二姑妈家，又在那里躲藏了较长一段时间。

1905 年，在陈树藩安排之下，黄一欧和湘潭的黄积成一同去了日本与父亲团聚。

三、日本的趣闻

1905 年冬，黄一欧到达日本，才知父亲为同盟会组织发展革命力量，已于几天前去了南洋。黄一欧在同盟会机关报《民报》驻地小住了几天后，搬出来与章士钊住在一起。从来没有离开过家乡的黄一欧时年仅 13 岁，父亲为革命奔忙，父子长期不能在一起生活。异国他乡，语言不通，风俗迥异，让他首次尝到人生的艰辛。

一天，黄一欧独自一人出门走在街上。一个人身处日本，周围的人身着奇装异服，说着他听不懂的语言，让他有些茫然不知所措。不知不觉间走到一家剑道馆，里面传出的呼喝声吸引了他的注意力。剑道馆门口站着两个身着和服的学员模样的人，他们嘲弄地笑着看着黄一欧脑后的小辫子。

有一个和黄一欧年龄相仿的学员挑衅地说：“中国人？（做劈剑的动作）会玩？来玩玩？”黄一欧随着他走进剑道馆。对方丢给他一把剑，示意要与黄一欧比试。当黄一欧拿着剑迟疑着要不要比时，周围立刻涌来一些日本学员围观，有的还发出了嘲笑声。黄一欧脑子一热，举起了手中的剑，但因为许久不拿剑有些生疏，一番对招下来，直接被对方逼得倒退了好几步。那个日本孩子嘴角露出轻蔑的嘲笑，周围一阵哄笑。

黄一欧眼中冒光，似有火焰熊熊燃烧，他挥了下剑，调整状态，重新与日本孩子对战。调整状态后的黄一欧，如虎添翼，几番进退就把日本孩子击倒在地，剑指咽喉。对方倒在地上，望着黄一欧，眼里全是不甘的凶戾之气。黄一欧微微一笑，收剑，风范十足地对他稍作鞠躬致意。周围发出惊诧的声音，谁都未曾想到一个中国少年能如此击败日本孩子。黄一欧放下剑，微笑着离开。

回到家，黄一欧回想日本孩子夹杂着“支那猪猡！支那猪猡”等语句的笑声，双眼如有两簇火焰再度熊熊燃烧。他一把抓过自己的辫子，一咬牙，“咔嚓”一声，自出生便跟随自己的长辫随即掉落在地。

少年黄一欧

1906 年章士钊与吴弱男结婚后，黄一欧搬去彭渊恂住处，直到秋天才与自南洋回到东京的父亲重逢，住在牛込区东五轩町林馆。分别两年之后，黄兴发现儿子长高了，也长大了，这个 14 岁的少年，俨然变成英姿勃发、人见人爱的小伙子。

黄兴是满心高兴的，对黄一欧的培养，他也是花了心思的。初到林馆的时候，他便要黄一欧到相距不远的麹町区靖国神社去参观。他对黄一欧说："你去看一看，就晓得我们国家成了个什么样子！"原来那里陈列着日本在甲午战争中自中国所夺得的战利品。

每逢星期日，如无特殊事情，黄兴必定抽空带黄一欧前往麹町区神乐坂武术会的会馆练习武术和射击。黄兴的射击技术很好，每射必中，弹无虚发，因此每逢比赛名次总是很高，得的奖章不少。年幼的黄一欧也从中收获了不少射击心得，为之后走上战场荣立军功打下了坚实基础。

看见儿子，也让黄兴频生思乡之情。这次回国取道去南洋，由于时间紧迫、任务繁重，黄兴根本没有时间返湘探亲，于是常向儿子询问家乡情况。特别是那些生死相交的老朋友，那些救他出危难的恩人，很想有机会能见上一面。不久之后，机会果然来了，有一位老朋友前来拜访，他就是周震鳞。

晚年周震鳞

黄兴众多朋友和战友中，周震鳞与他既是自父辈开始订谊的总角之交，又是志同道合的革命同志。周震鳞，人称周七夫子，是华兴会的元老，也是一位很有名望的教育家，创办了许多师范学校，培养了大批人才，其中就包括后来的中共元老徐特立。由于周震鳞在湖南官绅界很有影响，黄兴从长远考虑，防备将来遇到万一时能保存革命力量，所以一直没有让他暴露身份。这次老朋友来访，双方都十分高兴，当天晚上周震鳞留宿在黄兴住处，两人有说不完的话题，促膝谈心直到深夜。

第二天黄兴有事外出，临走时叮嘱黄一欧好好招待客人，还要他上街去买点酒菜，准备回家后和老朋友痛饮三杯。谁知调皮的儿子却别出心裁，做了一点小小动作，让主客双方哭笑不得。

原来黄一欧又记起常常被日本小孩耻笑的小辫子，不巧来的这位客人，头上正梳着一条油光黑亮的长辫子，辫梢上扎着红绳，还扣着一顶瓜皮小帽，典型清朝中国国民打扮。黄一欧越看越不顺眼，觉得这模样完全不像革命者，加上他视周震鳞如同亲叔叔，两人关系十分亲密，料想周叔叔不会多想。于是他眉头一转计上心来："周叔叔！请先闭上眼睛，我们来玩个小游戏。您的辫子有点脏了，我先帮您洗洗。"

周震鳞虽然没有完全明白他的用意，但还是听从吩咐将两眼闭上，想看看小家伙到底准备搞什么名堂。大约过了几十秒钟，黄一欧已经找来一把锋利的剪刀，一把就剪下了对方蓄了几十年的辫子。

当时国内还处于清朝专制统治之下，留不留辫子是一种政治立场的表现，没有辫子的人通常会被朝廷视为革命党，容易惹来不必要的麻烦。周震鳞闻听"咔嚓"一声，连忙睁开眼睛回头观看，发现乌黑的辫子已经离开自己的脑袋，正握在黄一欧手中。

黄兴从外面回来，看见老朋友突然变了模样，询问之后，才知是儿子干的好事，不禁又气又忧。气的是儿子如此淘气，惹下大麻烦，忧的是周震鳞回国之后，有很多事情无法面对，甚至有可能暴露身份。“你知不知道这样做的严重后果，你周叔叔回去之后会有很多危险，甚至还会掉脑袋。”他赶紧将黄一欧叫到一旁，严肃地说。

见到父亲如此严厉，又听说周叔叔回去后甚至会有生命危险，黄一欧不禁也吓出一身冷汗。最后还是当事人出来打圆场，脾气很好的教育家不断为肇事者讲情。

从这桩事情中，黄一欧才知道留辫子也是回国去干革命的需要，判断一个人不能光看外表的穿着打扮。一场小小的风波，使他突然明白了很多人生的道理、革命斗争的智慧，从此更加谨慎细致。

黄兴在日期间，虽然海外各地华侨的捐款不断，但黄兴每次都是将所有的钱全都用于革命事业，留下的只有两袖清风。父子两人生活非常拮据，常有断炊之危，而黄兴对于生活琐事又从不过问，所以吃饭问题全都落在黄一欧肩上。

一天早上，黄兴出门时交待黄一欧，中午有革命同志来开会，要他多准备点饭菜。黄一欧高高兴兴地连声应承，他也很想见到诸位叔叔。但他没有料到，进到厨房一看，已经没有一点可以吃的食材。“大”厨师再有能耐，也得首先把米、菜等食材买回来。

黄兴的睡衣。在日后的风云变幻中，父亲的不少遗物陪伴和鼓励着黄一欧

黄一欧口袋里分文皆无，正急得满头大汗，忽然想到以前在家乡曾听母亲说过，有些人家遇到急用缺钱的时候，可以拿暂时不用的东西去典当。他知道日本也有典当铺，于是开始翻箱倒柜，但没有发现什么值钱的东西，直到最后才清出一件大衣，质量还算不错，是当初法国朋友送给黄兴的礼物。虽然明知这是父亲的心爱之物，但此时用来救急，也就顾不了许多。

日本的典当铺和中国一样，管事先生坐在高高的柜台里侧。接过黄一欧递上的大衣，他翻来覆去检查衣料质地，然后丢下话来，说明典当价 30 块，见无异议就从窗口丢出 30 块钱和当票。黄一欧从地上捡起这几张“江湖救急”的纸片，赶紧奔去购买急需的食材。

当天午餐安排得特别丰盛，来开会的同志吃得十分开心，大家都夸奖黄一欧的本领，小小年纪就会当家理事。等到一个月后有了一点收入，黄一欧才去典当铺将大衣赎回。

没过多久，黄一欧手边的钱粮又用完了，这回他有了经验，准备“故伎重施”，再将大衣送进典当铺。在包裹衣服时，黄一欧突然发现大衣的内口袋里似乎有什么东西，伸手一摸，居然摸出一张 100 元的钞票。从天而降的财富让小管家惊喜若狂，他奇怪上次自己为什么没有发现，同时也庆幸典当铺管事先生的大意。

相关链接

胡元倓

胡元倓 1872 年出生于湖南湘潭一个世代书香之家，1897 年入选拔贡。1902 年入选湖南省首批官费留日生，东渡日本，就读东京弘文学院速成师范科，逐渐树立“以教育救国”的志向。他将自己的办学宗旨说得很实在：“我是伺候学生的。”他 1903 年在长沙租赁左文襄公祠为校舍，创办明德私立学堂（今长沙市明德中学前身），不拘一格，延聘黄兴等担任教习；民国建立后，请黄兴领衔呈准北京政府在京设立明德大学，设商科及政治经济科，聘章士钊为校长。

胡元倓对黄兴说，“公倡革命，乃流血之举”，“我为此教育，是磨血之人”，其“磨血办教育”的精神传为千古佳话。他曾经担任湖南大学校长，是中国近代史上伟大的教育家。1940 年病逝于重庆。今明德中学乐诚堂陈列有其雕像。

龙湛霖

龙湛霖，字芝生，1837 年生，湖南攸县人。同治元年（1862）进士，曾任翰林院编修、侍讲，内阁学士、刑部侍郎，人称“龙翰林”。他重视教育，以培养人才为己任。督学江西时，延请学者皮锡瑞主讲南昌经训书院；后在江苏学政任上，引入格致新法，购置译书、仪器，分科立规程，提倡各书院培养兼通西学人才。以病乞归后，他对乡里兴学等义举都大力赞助。1905 年病逝于长沙。

刘揆一

刘揆一，字霖生，湖南衡山县人。幼入私塾，后就读长沙岳麓书院。光绪二十九年（1903）春，自费留学日本，结识黄兴，一同参加留日学生为反对沙皇俄国侵占我东北三省而组织的拒俄义勇队。同年返国，与黄兴、宋教仁、陈天华、谭人凤及胞弟刘道一等发起组织华兴会，酝酿反清武装起义。因事机不密，为署湖南巡抚陆元鼎侦知，他与黄兴同遭通缉，亡命日本。1907 年，他加入同盟会，代理东京本部执行部庶务干事，后又代行总理职务，始终拥护孙中山和黄兴。1911 年武昌起义爆发后，他随黄兴亲临汉口前线任督战员。

南京临时政府成立后，刘揆一任参议院议员。1912 年 8 月，接受袁世凯的任命，担任陆徵祥内阁工商总长，翌年 7 月辞职。1915 年 8 月，为袁世凯称帝丑剧鼓吹的筹安会成立，杨度曾以 5 万元相赠，以换取其入会参加劝进，遭其坚决拒绝。1916 年初，他在天津创办《公民报》，刊登反对帝制的言论，报馆因此被日租界当局查封。同年 6 月，黎元洪继任总统，刘揆一出山担任国会议员直至 1918 年国会解散。北伐战争前夕，他赴广州投入革命洪流，与国民党及共产党领导人都有接触和往来。国民革命失败后，他寓居北京，闭门著书，

1929年出版《黄兴传记》。1932年到南京接受国民党党史编纂委员会的聘任。1933年被蒋介石聘任为行政院顾问，后因反蒋而解职，遂退隐家园。

中华人民共和国成立后，刘揆一被聘为湖南人民军政委员会顾问，多次与毛泽东主席书信往来。1950年病逝于湘潭。

宋教仁

宋教仁，字得尊，号遁初，一作钝初、遁初、敦初，别号渔父，1882年出生于湖南常德桃源县。中国近代革命先驱之一，被称作“中国宪政之父”。1902年，他以第一名的成绩考入位于武昌的美国圣公会文华书院普通中学堂。在校期间，他先是参加吴禄贞创建的革命党人秘密组织“花园山聚会”，后又结识黄兴，进一步坚定了革命追求。1904年长沙起义失败后，潜往日本，入日本法政大学广泛学习西方政治思想。1905年，他加入中国同盟会，任司法部检事长。1907年黄兴推举宋教仁代理同盟会庶务，主持日常工作。1911年10月10日武昌起义爆发后，他与黄兴立即奔赴前线，参与组建湖北军政府。

随着清廷统治的土崩瓦解，宋教仁致力于建设民主共和政权。1912年，中华民国临时政府成立后，宋教仁被任命为法制院院长、农林总长等职。因不满袁世凯破坏《中华民国临时约法》，他辞职投身宪政推广工作，寄望实行政党内阁制。1912年8月，中国同盟会改组为中国国民党，他出任代理理事长，主持日常党务，实际履行党首职责。宋教仁到处演说，为国民党摇旗呐喊。1913 年 2 月，国会选举接近尾声，国民党取得重大胜利。3 月 20 日，当宋教仁准备以党首身份入京组阁之际，他在上海火车站登车时遇刺身亡。

龙璋

龙璋，1854 年出生，龙汝霖之子，龙湛霖之侄，人称“大先生”。作为世家子弟，他思想进步，是晚清绅士从改良转向革命的代表人物。他以举人出身，历官江苏等省，参与筹划晚清“东南互保”。结识黄兴、蔡锷、宋教仁等辛亥革命志士后，他暗中资助革命，前后达 20 多万银元。仅 1911 年黄兴发动黄花岗起义时，龙璋就捐助了三万银元。回湘后他积极兴办教育，创办醴陵瓷业学堂、湖南高等铁路学堂等，又先后参与辛亥革命、“二次革命”、护国战争。曾被袁世凯通缉，流亡上海三年。

辛亥革命后，龙璋曾任湖南军政府民政、交通等司司长、西路巡按使、国民党湖南支部评议长、代省长。因见党派纷争、民生艰难，他竭力调停并致力发展社会生产，由此积劳成疾，1918 年去世。

张斗枢

张斗枢，字镇衡，湖南新化县时雍团白溪（今白溪镇）人，家素殷富，钦服黄兴、宋教仁等人，支持革命慷慨大方。清光绪三十年（1904），黄兴发起成立华兴会时，为供会员通信和传播新文化，在长沙南阳街开设民译社，张斗枢先后资助万余元。1905 年赴日留学，加入中国同盟会。归国后，在长江中下游从事革命活动。挚友宋教仁遇刺身亡后，他愤而出国，曾在日兴办实业。抗战爆发后归国，后病逝于南京。

陈树藩与湖湘陈氏

陈树藩，名炳焕，湖南湘阴人。1909 年湖南咨议局成立，陈炳焕被选为副议长。谭延闿出任湖南军政府都督后，陈炳焕出任财政司司长、国税厅筹备处处长等职务。任职期间，他改革田赋章程，并针对世界市场需求努力开发湖南矿产资源，增加财政收入。他极为重视教育，在湘阴创办或参与兴办了多所中小学校。黄兴曾致电称颂陈炳焕苦心谋事维护地方大局的贡献："安桑梓，保大局，不论在湘在外，责任则一。"

陈炳焕及其子侄（陈嘉会、陈嘉佑、陈嘉勋、陈嘉任、陈嘉立、陈嘉祺、陈嘉灿、陈嘉俊）为代表的湖湘陈氏一族英才辈出。他们以报效国家为己任，自东渡日本加入同盟会开始，在政、商、金融、教育及军界多个领域各施其能、倾力奉献，以自己的侠肝义胆奋力承担时代的使命，竭力付出甚至九死一生。在整个社会变革的大时代洪流之中，湖湘陈氏一族成为推动历史和社会进步的重要力量的一部分。

周震鳞

周震鳞，又名鲲，字道腴，湖南宁乡人。1895 年考入武昌两湖书院，与黄兴同窗五年，互相钦服，结为好友。此后追随黄兴、孙中山参加革命，任劳任怨，成为同盟会和国民党的元老。1913 年“二次革命”失败后，流亡日本的黄兴为了革命大局着想，决定赴美养疾。在黄兴赴美前半个月内，周震鳞九次到其寓所探访议事，此后致力于国内革命斗争深入进行、革命派内部联合等工作。黄兴、孙中山先后遽尔离世后，因与蒋介石政见不合，周震鳞逐渐淡出政坛。他投入心血的另一件功绩是兴办教育，先后在湖南创办或参与创办经正中学、周南女中、宁乡第一师范、修业小学、湖南高等学堂（今湖南大学）。

1949 年 8 月，程潜、陈明仁等发出湖南和平起义通电，周震鳞、仇鳌等各界人士通电响应。湖南和平解放后，周震鳞任中南军政委员会顾问、湖南人民军政委员会委员。1951 年受毛泽东主席电邀赴京参加第一届全国政协会议，后任全国政协委员，全国人大第一、第二届代表，中国国民党革命委员会中央团结委员会委员。1964 年病逝于北京。

第三章

惟有真才能血性

一、凤乐园会晤与同盟会成立

1905 年，是中国历史上不平凡的一年。在这一年里，反美爱国运动、收回利权运动、反对日俄在我国东北开战的斗争，以及抗捐、抗税、抗租斗争，在全国各地广泛开展。革命潮流正在全国兴起，必须建立一个统一的革命领导机关，组织全国力量，有领导有计划地开展革命斗争，把革命推向高潮。在这种形势鼓舞下，孙中山为了联络革命志士，于 7 月 19 日抵达日本横滨，受到兴中会会员和广东同乡的热情欢迎。孙中山在横滨逗留了几天，然后前往东京。

留日时期的黄兴

得知两年来中国留日学生增加到 1 万多人，与欧洲仅有少数中国留学生大不相同后，孙中山就向日本友人宫崎寅藏询问中国留学生中有无活跃的杰出人物。宫崎立即回答说：“我正要向你介绍一个叫黄兴的湖南人。”孙中山在横滨时可能已听冯自由、程家柽等讲过黄兴的情况，当即提出要马上去拜访。

宫崎考虑到孙中山乃前辈，表示愿带黄兴前来相见。孙中山立刻说：“这样的事没有什么前辈后辈之分。是我打听到他的消息，所以还是我前去拜访他。”

当时黄兴住在神乐坂，宫崎陪同孙中山从新宿到了那里。推开格子门，只见室内围坐着一大群来访学生，宫崎感到会见有些不便，于是把黄兴叫了出来。黄兴知是孙中山来访，乃偕张继、末永节（日本退役军人）把孙中山和宫崎带到凤乐园晤谈。

黄兴与孙中山的这次会晤，是对中国革命发展有重大影响的一次历史性会晤。这次会晤，畅谈近两个小时，主要是商谈革命力量的联合问题。他们虽是初次见面，但一见如故，彼此仅寒暄几句就谈起国家大事来。从革命形势到革命方略，两人均交换了意见。

孙中山提出，目前国内群众反抗斗争蓬勃兴起，革命大有可为，但各自为战，力量分散，倡议把革命力量联合起来，建立统一的革命组织，以便集中革命力量，共同开展革命活动。

本来，黄兴看到近年来聚集东京的留学生日益增多，春间即与宋教仁、田桐、田桓、但焘等计议，拟“设立会党，以为革命之中坚”。而今孙中山提议实行革命大联合正合自己心意，黄兴当即表示赞同。

由于孙中山是首倡民主革命的先驱，黄兴是东京留学生的著名领袖和华兴会首领，他们同意联合，就为实现全国革命力量大联合、建立中国同盟会奠定了良好基础。

孙、黄会晤确定联合方针以后，即分别开展联络活动。孙中山先后会见了来自湖北、四川、广东及其他一些省份的留学生，反复宣传联合的重要性，留学生们则表达了拥护建立统一组织的意向。

1905年7月28日下午，孙中山又邀约程家柽、宋教仁、陈天华等留学界名人相会于华兴会机关刊物《二十世纪之支那》杂志社，一方面了解留学生情况，听取大家的意见，另一方面再次说明大联合的重要意义。他说："中国现不必忧各国之瓜分，但忧自己之内讧。此一省欲起事，彼一省亦欲起事，不相联络，各自号召，终必成秦末二十余国之争、元末朱（元璋）陈（友谅）张（士诚）明（玉珍）之乱。此时各国乘机干涉之，则中国必亡无疑矣。故现今之主义，总以互相联络为要。"

与此同时，黄兴也和留学生就团结合作问题广泛交换了意见。当时留学生中有不少革命小团体，但影响最大的是华兴会。因此，革命力量能否实现联合，华兴会成员的态度起着关键作用。黄兴作为华兴会首领虽已表示赞成联合，但华兴会内部还有不同意见。为了统一思想，黄兴于7月29日召集宋教仁、陈天华、刘揆一等进行商谈。陈天华赞成联合，刘揆一不主张联合，宋教仁取折中态度。

黄兴为调和大家意见，提议"形式上入孙逸仙会，而精神上仍存吾团体"。为了尊重各人的意愿，最后决定入会与否，悉依"个人自由"。实际上，同盟会成立后，华兴会会员凡是在日本的，几乎都加入了同盟会，华兴会原有组织也并未保留。即使当初不赞成联合的刘揆一，后来不但加入了同盟会，而且继黄兴之后，长期担任同盟会执行部庶务。

虽然黄兴曾说“精神上仍存吾团体”，但回顾辛亥革命历史，加入同盟会的华兴会会员，包括黄兴本人，从思想到行动，在执行同盟会制定的方针政策上都是忠贞不贰的，不少华兴会会员都成了同盟会的骨干。

同盟会筹建过程中，孙、黄亦合作得很好。7 月 30 日孙、黄联合发起召开同盟会筹备会。会上，孙中山主持讨论了新团体的名称与宗旨，黄兴号召大家签名入会。为了坚定入会者的革命决心，孙中山起草了盟书，经黄兴、陈天华审定后，黄兴即提议“请赞成者书立誓约”。各人按式书写誓词后，又由孙中山带领大家正式宣誓加入同盟会。“誓毕，总理谓在干事会未成立前，众人盟书暂由我保管，我之盟书则请诸君举一人保管，众推黄兴任之。”最后又推举黄兴等八人起草《中国同盟会章程》，准备提交成立大会正式讨论通过。由此可见，筹备会自始至终是在孙、黄密切协作下进行的。

8 月 13 日举行的东京留学生欢迎孙中山大会，是中国赴日留学生界一次盛况空前的大会。会场内外，挤满了中国留日学生。大会首先由宋教仁致欢迎辞，孙中山发表了激动人心的长篇革命演说，为同盟会的成立做了极好的舆论准备。

这次欢迎大会的策划者和组织者不是别人，正是黄兴。据宫崎寅藏记述：“当时黄兴和宋教仁、张继、程家柽等相协商后，决定开一个留日学生欢迎孙逸仙大会。用一个晚上，通知了住在各学校、各旅馆的留日学生，在饭田町富士见楼开会欢迎。”在这个有 1300 多人参加的欢迎会上，黄兴虽然没有上台发言，但听到欢迎者对孙中山的演说不断报以热烈的掌声，他“拉下了一点帽子，满脸笑容，为大会的成功感到高兴”。可以说，这次盛会，在前台演主角的是孙中山，而后台的导演则不能不归之于黄兴。

经过 20 天的紧张准备，8 月 20 日，同盟会成立大会正式召开了。会上首先由黄兴宣读了《中国同盟会章程》草案 30 条，经大家讨论，略加修改润色即告通过（后改定为 24 条）。它明确规定，以孙中山 1904 年为致公堂起草新章程时提出的“驱除鞑虏，恢复中华，创立民国，平均地权”16 字纲领作为同盟会宗旨，从而将孙中山提出的革命主张变成同盟会会员的共同奋斗目标，后来又被阐释成三民主义学说。

1905 年孙中山、黄兴与同盟会部分会员合影。前排右二为黄兴、右三为孙中山

在选举同盟会领

导人时，黄兴表现出光明磊落、不慕名利的高尚风格，率先提议：“公推孙中山先生为本党总理，不必经过选举手续。”受到黄兴的感染，这个提议得到会员的举手赞成。

孙中山对于黄兴虽还只是初识，但惺惺相惜、高度信任。同盟会内除总理外，执行部的庶务总干事实居协理地位，“总理他适时，以庶务总干事代行一切”。当讨论同盟会总部的干部人选时，孙中山即提名黄兴担任庶务总干事。

各部的干部人选确定后，黄兴考虑到革命宣传的需要，又提议说：“《二十世纪之支那》杂志社同人半皆已入本会，今

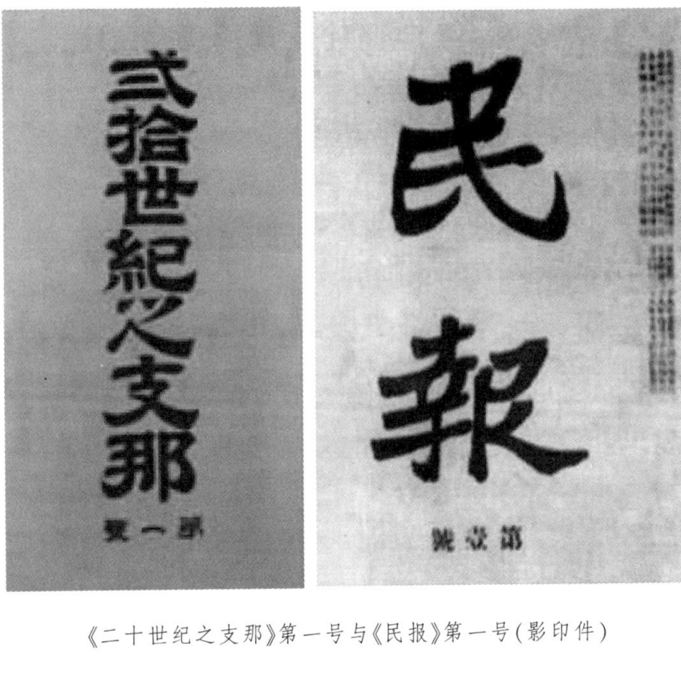

《二十世纪之支那》第一号与《民报》第一号(影印件)

该社社员愿将此杂志提入本会作为机关报，何如?”众人立即拍手赞成，后又商改刊物名字为《民报》。

由于孙、黄诚心合作，配合默契，同盟会的成立工作进展十分顺利。自7月19日孙中山抵达日本，到8月20日同盟会正式成立，为时仅仅一个月。入会者数百人，全国18个省，除甘肃因尚未派遣留学生外，其余17省均有留学生加入了同盟会。革命火种由此遍及全国。

同盟会的本部设在日本东京，发行《民报》作为机关刊物。《民报》在章炳麟、陶成章等主编下，由胡汉民、汪精卫等执笔，与康有为、梁启超执笔，主张保皇的《新民丛报》展开激烈论战，成为宣传革命思想的重要阵地。创建同盟会的近80位元老里面，除了3名日本人外，有近70名黄兴的战友(主要来自华兴会、光复会)。

同盟会成立后，孙中山、黄兴、章太炎等讨论制定《革命方略》等文件，并决定在国内外建立支部和分会，联络华侨、会党和新军。从此，中国资产阶级反清革命运动有了统一的指挥中心，革命形势迅速发展，正如孙中山所说：“从此革命风潮一日千里，其进度之速，有出人意表者矣。”

1906年，清廷得知孙中山、黄兴在日本东京成立同盟会，急切训令驻日公使杨枢向日本政府提出照会，要求驱除“叛逆首领”孙中山等出境，如有可能，引渡回国治罪。日本政府采取双边应付手段，暗中通知孙中山出境，并馈赠旅费5000元。日本商人铃木久五郎负责致送，并私自赠送了一万元。孙中山被迫离开日本，赴南洋、欧美等地，直接领导中国民主革命的重任由代行同盟会总理职权的黄兴承担。黄兴为了全身心投入国内武装起义筹备和领导工作，于1907年5月安排刘揆一代理中国同盟会庶务，负责同盟会总部的工作。

此后，黄兴先后亲自组织了萍浏醴起义、潮州黄冈起义、惠阳七女湖起义、钦廉防城起义、镇南关起义、钦廉上思起义及河口起义。虽然革命志士奋勇作战，但这些起义都悲壮地失败了。遥想着父亲枪林弹雨中身先士卒的身影，感受到革命高潮的蓬勃兴起，少年黄一欧穿梭在同盟会总部驻地内外，渴望着能做些力所能及的事情。这一切，黄兴心知肚明，也十分欣慰。

经过总结历次起义失败的经验教训，黄兴更加注重训练提高会员的军事才能，努力为革命培养更多军事人才。他还将大部分骨干派入国内，积极准备开展革命斗争。如派方声涛、李烈钧、唐继尧、阎锡山、何成浚、孔庚、李根源、黄郛、唐蟒、程子楷、欧阳武、程潜、赵恒惕等分别承担重要任务，渗入清军；派陶成章赴江苏、魏重光赴安徽、林觉民赴福建、孙武赴湖北、谭人凤赴湖南，组织革命力量，待机发难。

为了尽快将黄一欧培养成一名成熟的革命者，黄兴经常带儿子参加各种革命活动。每次接待从国内流亡日本的革命同志，或者与同情中国革命的日本朋友聚会，他都带着黄一欧，给以多方面的教育，让儿子很快成长为革命队伍中的一员干将。

二、“儒侠者流”宫崎寅藏

孙中山与黄兴相识于日本横滨，是由宫崎寅藏介绍的。

宫崎寅藏，原名宫崎滔天，1871 年出生于日本玉名郡荒尾村（今日本熊本县荒尾市），是家里的第八子也是最小的儿子。其父宫崎政贤（宫崎长兵卫）是一位乡士。宫崎寅藏与其兄长宫崎八郎、宫崎民藏、宫崎弥藏四人合称为宫崎兄弟，是著名的社会活动家。宫崎兄弟自幼跟父亲学习家传的二天一流剑道刀法，黄一欧曾叹其刀法精妙。

宫崎寅藏求学于大江义塾东京专门学校（今早稻田大学）。他在学校第一次接触自由民权运动的思想，并由此开始关注亚洲的革命运动。

1905 年 7 月，宫崎陪孙中山去找黄兴，在凤乐园餐馆商谈国事。一个月后，以孙、黄为核心的中国同盟会成立，宫崎被破例吸收为会员。他还提供自家住宅作为《民报》最早的发行所所址，在家门口挂上“民报社”的招牌。

在长期支持中国革命的生涯中，宫崎与孙中山、黄兴结下了深厚友谊。黄兴在回国投身革命军事斗争时，曾将自己的儿子黄一欧交给宫崎照顾。当黄兴因为革命斗争四处筹措经费而遭遇债务危机，被高利贷逼得四处躲避的时候，宫崎为他积极筹款还债。1914 年，黄兴领衔出资为宫崎修建了一所住宅，至今仍位于东京丰岛区保持旧貌供人们参观。

1911 年辛亥革命爆发后，宫崎多方挪借旅费再来中国，到达镇江后和黄兴重逢。黄兴百感交集，写了一首七律相赠，其中有句称“千金结客浑闲事，一笑相逢在此时”。南京临时政府成立后，宫崎担任临时大总统孙中山的政治顾问，并亲眼见证孙中山宣誓就任中华民国临时大总统。

“二次革命”失败后，在著名的孙、黄交恶事件中，宫崎致力于化解孙、黄矛盾。宫崎直言，孙中山之所以与黄兴合作近十年后彼此交恶，两人不在于私心，而在于主义之争。面对宫崎这样的诤友，孙中山写下“推心置腹”四字相赠，黄兴则写下“儒侠者流”称赞宫崎夫妇。这两幅字画今天仍然保存在东京那所黄兴领衔出资修建的宫崎故居。位于今天日本九州岛熊本县荒尾市的宫崎兄弟故居墙上，还陈列着孙中山“博爱行仁”、黄兴“达观”两幅题字，见证着宫崎与孙、黄二人的友谊。

民国建立后，中日关系日益交恶，宫崎难为一般国人所悦

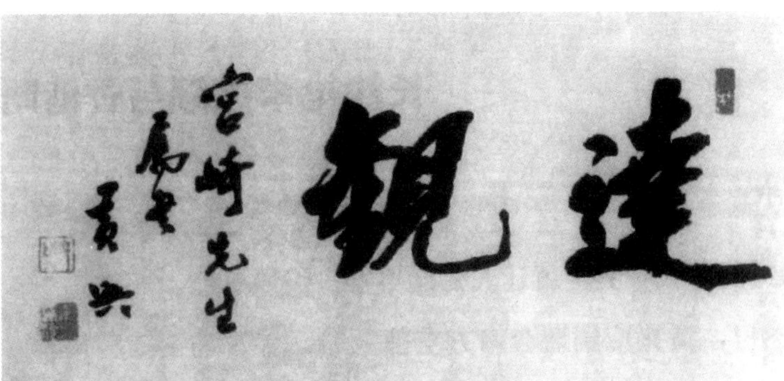

黄兴书“达观”二字赠宫崎寅藏

纳，亦不见容于日本政府，时势与环境已不容许他如早年般积极投入中国革命，但其热诚不减。宫崎激烈痛斥袁世凯的倒行逆施，亦曾对“二次革命”、护国运动、护法运动寄予殷切厚望，对逃亡的革命党人给予全力庇护。他是中国革命那段艰难岁月中的一位可贵朋友。

1917 年黄兴灵榇归葬湖南长沙岳麓山，宫崎从日本远道前来专程送葬。黄一欧回忆说：“（宫崎）临行时面许二事。一，来年要送樱花树苗几百株，栽在先君墓地四周；二，在东京竖立先君的纪念碑。后来，第一件事没有实现，而第二件事则是实现了的。”

实现了的“第二件事”，是指位于今天日本横滨市鹤见区总持寺、1918 年竖立的“黄君克强之碑”。对没有实现的“第一件事”，据黄一欧之子黄伟民回忆说：1956 年，宫崎滔天的长子宫崎龙介曾赴华到长沙专程拜访黄一欧，说他会实现乃父的樱花心愿，后面也确实将樱花树苗寄到了长沙，只是后续具体去向却不得而知了。

三、年龄最小的同盟会会员

同盟会成立不久，黄一欧就要求入会。但黄兴嫌他年龄太小，此时入会不够庄重；孙中山则勉励说，多一个人就多一份革命力量。

经不住儿子再三要求，1906 年底的一天，黄兴把黄一欧带到《民报》社日本驻地，带他庄严地填写了入会誓约。孙中山对黄一欧甚为喜爱，亲任黄一欧加入同盟会的介绍人。在黄一欧入会介绍人一栏，章太炎这位学问高深、文笔犀利、敢想敢言、脾气古怪的名人也签下自己的大名。此时黄一欧只有14岁，成为同盟会成立以来入会年龄最小的会员。

黄一欧在日本读书，学的当然是日文。为了不影响儿子对中国文化的学习，黄兴经常抽空亲自为儿子讲解中国文化的精髓，如四书五经和诗词歌赋等，并专门请宋教仁当老师，让黄一欧每天下午到宋家上课。不过宋老师工作太忙，授课也只能断断续续。

此外，黄兴没有忘记培养黄一欧对军事、体育的兴趣，特别邀请宫崎寅藏的表弟教黄一欧剑术。每逢星期天自己去参加射击比赛，也一定会将儿子带上。因此黄一欧很快练就一手好枪法，为将来的革命活动打下了基础。黄兴还让黄一欧参加大森体育会，接受一定强度和专业水平的体育训练。此外，黄一欧还是一位围棋高手，回国后在上海时经常与“国手”刘棣怀比拼高下，在围

黄一欧与父亲1907年合影于日本

棋界至今仍传为佳话。

初到日本时，由于黄兴社会活动频繁、经常外出，黄一欧一直过着居无定所的生活。1907 年春，黄兴离开东京去香港，宫崎寅藏将黄一欧接到他家居住。宫崎寅藏待人谦和，对黄一欧非常关心，就像对待自己的亲子侄一样。宫崎寅藏有两个儿子，长子宫崎龙介，次子宫崎震作。宫崎震作与黄一欧年龄相近，他们成了好伙伴，这份友谊也一直延续了下来。

此后，黄一欧进陆军小学学习骑、射、军事理论、英文、数学、地理、科学和空手道等科。军校比一般学校难得多，大热天晚上睡觉还要用厚厚的毛毯包着全身，为的是锻炼毅力。有个国内来的公子哥因骑马没控制好，从马背上摔下来，被一把小腰刀将整个人刺穿。

日本最高军事院校为陆军大学，是二战前日本人培养将军的地方，以学习战略战术为主。它以前根本不收中国学生，后来收得也有限。日本的陆军士官学校相当于陆军中学，蔡锷就是从那里毕业的。蒋介石留日回国后大言不惭地冒称陆军士官学校毕业生，其实他和黄一欧一样，都是陆军小学毕业的。

四、广州新军庚戌起义

1909 年 6 月，同盟会南方支部在广东的会员赵声、倪映典、朱执信等筹划发动起义，并计划起义成功后推举广东省咨议局领袖人物丘逢甲、陈炯明任临时民政长官。他们在广州豪贤街天官里寄园巷 5 号设立新军联络点，讨论决定由陈炯明以自己的名义提供一处存放枪械的地方。

1910 年初，黄兴接到南方支部力请赴港主持大计的电文后，前往香港。依据掌握的情况以及倪映典的报告，广州新军决定于 2 月 24 日起义。黄兴考虑到黄一欧已经 18 岁，应该投身火热的革命斗争，便特地派人通知儿子，让他跟随退役的日本炮兵大尉平伍一前来广州参战。

驻扎广州的新军一共有三个标，合成一个协。新军兵士多半来自旧日的巡防营，而赵声当过巡防营的分统，此时他正主持设在香港的同盟会南方支部的军事工作。

起义前三个月，清政府已听到风声。起义前不久的 2 月 9 日，新军部分军人与广州巡警发生冲突，署理广州将军孚琦下令封锁广州。倪映典匆匆去香港向南方支部报告，建议起义提前发动。黄兴、赵声、胡汉民与他讨论了很久，决定把起义发动的日子提前，改在 2 月 15 日（正月初六）。于是倪氏急忙于 2 月 11 日乘轮船回到广州，于次日早上带了两支手枪，到陈炯明家坐了一会后，进入第一标炮营，告诉同志再等三天起事。

但是一件小事改变了众人的计划。2 月 12 日这天 10 时左右，炮营管带齐汝汉召集全营官兵训话，叫他们不要上革命党的当。倪映典一时激愤，拔出手枪，将齐氏打死，并宣布起义。全营官兵，除了队官宋殿魁不肯参加，也被当场打死外，都跟随倪映典走到其他各营号召起义。3000 余人的义军推倪映典为总司令，三路进攻广州城，占领了多处山头。

倪映典自领一队，到牛王庙与广东水师提督李准的吴宗禹部新军对垒。对方帮统童常标、管带李景濂要求与倪映典谈判，倪氏认为李景濂也是同盟会会员，童常标又是安徽同乡，就前往谈判。谈判结束时，李景濂部突然开枪袭击，倪氏中枪后当场被杀，同行的起义军部将四人也先后就义。失去了领导的起义军部队随即溃散，双方死伤300多人。由于这年岁在庚戌，史称此次起义为“广东新军庚戌起义”。

倪映典没有请示黄兴，也没有通知其他相关负责人就贸然行动，在广州的几处联络机关于11日、12两日曾经放火响应，但都被救火队扑灭。城郊的民军本想参加，但临时筹措不及。同情起义的二标与三标在12日这一天被大批清军监视，动弹不得，也只得忍耐下去，等待别的机会。

12日这天晚上，黄兴在香港闻报，“急欲乔装与赵声前往督战。以广九路局闻变，火车不准开行，只得另觅他途，然已缓不济急”。

身在日本的黄一欧接到父亲的指令后欣然立即返国，于2月中旬到达香港，但因起义提前爆发未能赶上。其后黄一欧在香港等候了一个多月，每天结合庚戌起义等革命形势学习各种军事技能，为后来多次参加起义和指挥作战奠定了基础。

考虑在香港长住容易暴露身份，一行人再次返回日本。临行前，黄兴交给黄一欧一封信转致宫崎寅藏，谈到新军起义失败的经过，他充满革命必胜信心地表示：经此一役，今后人心更加奋发，一有机会，即再举动，可望成功。

黄一欧在香港等候期间，曾听黄兴以及其他人谈起这次新军起义失败的经过：原先，同盟会在广州新军中发展组织顺利，士兵、群众的反清革命情绪日益高涨；同盟会还派人去惠州运动会党响应起义，又策动广州附近的民军准备入城支持，还在巡防营旧军里面也做了工作。南方支部估计大举起义的时机已到，于是一面打电报给在美国的孙中山，请他赶快筹款接济；一面电邀黄兴和赵声等来港主持一切。不料在农历除夕晚上，有两名新军士兵到广州城隍庙前一家刻字店刻印名片时与店主发生口角，过路巡警出面干涉，新军士兵不服，军、警相互殴打，巡警吹警笛召集人手抓走新军士兵并拘留于警署。新军其他士兵闻讯前来要求放人，冲突愈演愈烈。倪映典匆忙去香港与黄兴、赵声商量，决定提前发动起义。当倪氏从香港返回广州时，早有戒心的清廷正调动水师和巡防营计划镇压新军，新军士兵也摩拳擦掌准备干起来。在这种情况下，倪映典只好挺身而出领导起义，不幸在战斗中中弹阵亡。新军一时无人指挥，又无后援，于是仓皇败退。

黄兴对这次起义的失败和众人的牺牲深感痛心，但并未灰心，他对黄一欧说："不要紧，慢慢细细再来！"

返回日本后，黄一欧仍然住在宫崎寅藏家里，课余则经常去《民报》社，帮同盟会处理日常工作。

五、黄花岗起义

1910 年 11 月，孙中山、黄兴、赵声、胡汉民等人在马来西亚槟榔屿召开秘密会议，决定卷土重来，重新发动一场更大规模的广州起义，集同盟会之精英与清政府决一死战。计划以广州新军为主干，另选革命党人500名，首先占领广州，然后由黄兴率一军入湖南，赵声率一军出江西，谭人凤、焦达峰在长江流域举兵响应，各部会师南京，举行北伐，直捣北京。

这次同盟会进行了认真细致的准备。1911年1月，在香港成立了统筹部，以黄兴、赵声为正副部长，但手边缺少武器。当时风声很紧，香港当局也盘查得很严，运送武器十分危险。有个湖南留日学生，曾于1904年和黄兴一块被捕入狱，是同盟会的老会员。他接受任务运送一百多支枪、几千发子弹，从日本秘密启程来香港。轮船快到香港时，他接到黄兴提醒他上岸时多加注意的电报，吓得魂不附体，以为事情行将暴露，赶紧趁着夜色，将运送的武器全都扔进大海。轮船到达香港，黄兴得知真相后，气得几乎吐血。

情况紧急，别无其他选择，黄兴当机立断安排儿子黄一欧为起义战士再从日本运送枪支弹药来香港。当时广州的同盟会会员都不同意让黄一欧以身涉险，但黄兴极力坚持，认为自己的儿子走上前线是理所当然之举，越是危险的事越不能畏缩。这种以天下为己任的“无我”精神，令人钦

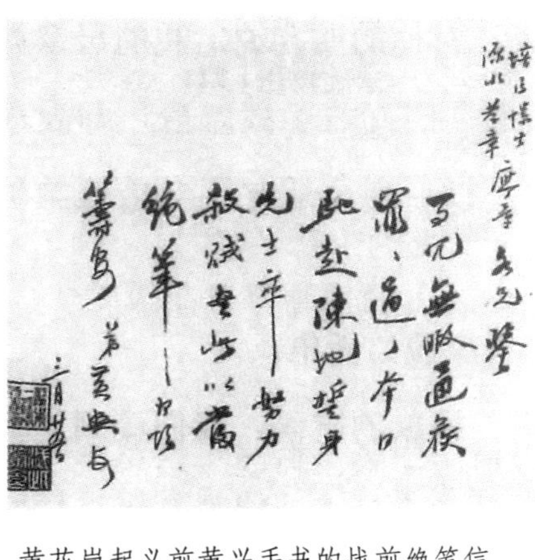

黄花岗起义前黄兴手书的战前绝笔信

佩，也进一步激励了大家的革命情绪。

当时黄一欧正在东京东斌学校读书，寄居在宫崎寅藏家中，早就暗中参与了购买军火的部分活动。1911 年 2 月，宫崎通过其内弟前田九二四郎的介绍，买到了一批枪支弹药。而在当时，采购军火不容易，即便买到手，想要顺利运抵香港更是一件难事。

经过宫崎寅藏、黄一欧等人谋划，决定黄一欧冒充宫崎寅藏之子宫崎龙介，负责将军火运往香港。于是黄一欧穿着和服，口中讲着日语，摆出日本人的派头，就登上了行程。他随身携带四个大行李箱，里面装着 50 支驳壳枪、20 支勃朗宁手枪和 10000 发子弹，从日本乘坐客轮，一路上随机应变，终于顺利抵达同盟会香港统筹部，将武器交给部长黄兴，顺利完成了父亲交代的任务。

大家见这批枪支弹药顺利运到，很是高兴，对黄一欧交口称赞。当晚黄一欧住在统筹部，同黄兴促膝长谈至深夜。父亲问到他在东京的读书和生活情况、同盟会东京本部的活动及宫崎寅藏、萱野长知等日本朋友的近况。黄一欧也进一步了解到国内革命的整体形势，愈发坚定了革命必胜的信心和勇气。

黄一欧在统筹部还见到了李燮和、谭人凤、陈方度、柳聘农、胡国梁等湘籍同盟会员。虽然年龄不一，但同为湖湘子弟，大家纵论国内外局势颇为投机。这时，一个深入前线的机会出现在大家面前。

黄一欧到香港 20 多天后，革命党人打听到广东巡警教练所有几名缺额可补。黄兴认为这是一个好机会：安排革命力量借机打入以后，既可以借巡警的合法身份作掩护，做些发动起义所必需的准备，又可以联络同志、发展组织，团结爱国志士，一旦发难可为内应。经过思考，他决定派黄一欧和陈方度、柳聘农、胡国梁隐瞒身份，打入广东巡警教练所。

广东巡警教练所有400多名学员、200多条枪，人员情况固然复杂，但如能争取过来，掌握在革命党手中，对起义将有很大帮助。虽然这是非常危险的任务，但为了革命事业，黄兴不但自己身先士卒，而且把儿子派进虎穴。临行之前，黄兴一再叮嘱黄一欧，一定要戒骄戒躁，不要认为自己身份不同，妄自尊大另搞一套，一定要听从陈方度指挥，同时还要与教练所学员打成一片，尽可能将大多数人争取过来。

四人到达广州后，马上去报名应考。由于黄一欧在东京受过一段时间体育训练，陈方度等人在荷属南洋中华学校当过教员，都有基础知识，结果四人顺利考取。但巡警教练所规定新学员进所要有保证人，几人一时找不到适合的人作保。延至3月初，才由周达夫（同盟会会员，湖南湘阴人，时任广州西关警察署长）、张通典（湖南湘乡人，时任广东省巡警道衙门文案师爷，后在南京临时总统府任秘书）来作保证人。二人每人保两个人，周达夫担保黄一欧和胡国梁，因为胡氏是湘阴人；张通典担保陈方度、柳聘农，因为陈氏是湘乡人。

黄一欧等人进了教练所，由最初感到陌生，到后来慢慢就和同学打成一片。他们主要进行了两类革命活动：一是在同学中间暗地进行关于反清革命的宣传工作，有时还将同盟会宣传革命的书报送给同学们，一篇到手、竞相传阅，很能发挥潜移默化之效；二是替同盟会在广州设立的30多处秘密机关运输枪支弹药，进行起义物资准备。

4月8日，统筹部会议决定把起义发动日期定在4月13日，任命赵声为总指挥，黄兴自甘居副，拟分十路进攻，并加设放火委员临时择机纵火，以扰乱清军军心。但就在统筹部开会的这一天，发生了同盟会会员温生才一举刺杀署理广州将军孚琦的事件，广州戒备森严，加上美洲的款项和日本购买的后续军械没有运到，因此统筹部决定将起义时间推迟到4月27日。

4月25日，也就是起义的前两天，黄兴从香港赶到广州，在两广总督衙门附近的小东营5号设起义指挥部。因广东当局已经有所风闻，加强了防备，并大肆搜捕革命党人，形势越来越不利。黄兴将原定十路进攻计划改为四路（黄兴亲率一路攻总督衙门；姚雨平率军攻小北门，占飞来庙，接应新军和巡防营入城；陈炯明带队攻巡警教练所；胡毅生带队守南大门），准备起义。

陈方度、黄一欧等四人于4月27日14时开始行动，根据擒贼先擒王的原则，他们先冲进所长办公室，用手枪对着所长夏寿华（湖南益阳人），公开自己革命者的身份，声称即将发动全城起义。殊不知夏寿华曾参与策划1900年唐才常自立军起义，后来接触蔡锷等革命派，思想立场早从君主立宪转为同情革命，此时坦率表示愿意和他们一同起事。

黄一欧赶紧飞奔到小东营5号向黄兴报告。当时黄兴率领的队伍正整装待发。黄兴交代他回去见机行事，接应自外边发动攻击的陈炯明。因为时间紧迫，父子两人临别时匆匆相视一眼，没有说其他多余的话。

27 日 17 时 30 分，黄兴亲率先锋 120 多人，手执枪械炸弹直扑总督衙门。黄兴连开三枪，击毙督署卫队管带后，带队冲入督署衙门内，两广总督张鸣岐仓皇逃往水师提督衙门。但这次起义除黄兴一路按期发难外，其余各路因为各种原因均未如约开展行动，以致兵力严重不足。新军子弹被没收，没有作战能力；胡毅生、陈炯明等事先逃出了广州城，姚雨平未能及时领到枪械，起义爆发后藏匿不出。起义实际成了黄兴一路孤军浴血作战，以致完全失败。

这次起义失败后，英勇就义的烈士人数在 80 名以上，但由于各种原因，只有 72 名烈士遗骸得以归葬于广州城郊黄花岗，史称“黄花岗七十二烈士”，这次起义也被称为“黄花岗起义”。

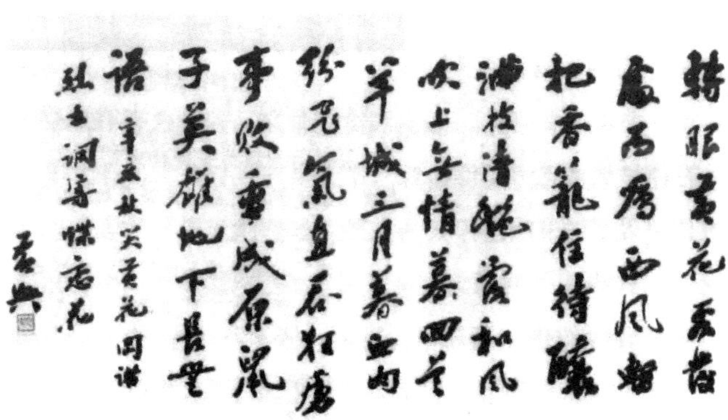

黄兴撰、书的《蝶恋花·辛亥秋哭黄花岗诸烈士》

黄一欧返回巡警教练所以后，一直等到枪声由密集到稀少，始终未见陈炯明的影子。他十分担心父亲的安危，于是趁着夜色的掩护一路左闪右躲快步赶向父亲起事的方向。街景冷清，气氛凝重，偶遇行人都低头惊恐地跑过。街上到处都是成群结队巡逻的清兵，黄一欧伪装成行人，躲过清兵，好不容易到了起义指挥部附近，却见前面已经封路，一群清兵严阵以待。前方街道凌乱不堪，一片狼藉，好几家店铺正在燃烧起火，不时传来店家哭号的声音。

一个清兵注意到了黄一欧，冲他大喊："站住！干什么的?"黄一欧心里一惊，急忙拐进街道小巷，借着夜色掩护，摆脱了追出来的清兵，跑到周达夫家中躲了起来。

几天后广州戒严稍松，黄一欧、陈方度等四人在夏寿华等的帮助下乔装逃往香港。黄一欧先是暂住在日本医生三琦家中，再多方打听才找到了因为战伤刚动完手术的父亲。

黄兴躺在病床上，手上包裹着厚厚的白色纱布，神色憔悴，悲喜交加地看着战友兼儿子走进门来。黄一欧心疼地望着父亲，轻抚父亲受伤的手，悲伤不已。

黄兴安慰他："没事，就一点小伤。以前你一腔热血想参加革命，可革命是要付出巨大代价的，受伤是家常便饭，甚至有可能牺牲性命！父亲问你，如果让你重新选择，你还想成为一个革命者吗?"

黄一欧回答道："这点我从没动摇过。我是您的儿子，也是您的战友，您在哪，我在哪！我们并肩作战，相信革命总会成功的。"

黄兴欣慰地点头说："中华生生不息，是打不倒的。这次虽然失败了，但是我们积累了宝贵的经验教训，各地革命力量正在逐渐增多。星星之火，终会燎原，需要的只是时间和时机，革命一定能成功！"

看到当时徐宗汉（1877—1944）也在一旁细心照顾黄兴，于是陪伴父亲几天后，黄一欧便返回了位于日本东京的同盟会总部，按照父亲所说的那样，继续等待新的革命时机。

六、长沙的野球会

1911 年夏天，日本东京，黄一欧与几位倾向革命的同学围坐闲谈。有个同学忽然问道："一欧，你前阵子去哪了，忽然消失几个月？广州那边革命党人起事，闹得很大，你是不是也参加了？"

黄一欧看了下同学，决定如实相告："你们都是我最好的朋友！实不相瞒，我也是同盟会成员，广州的起事我参加了。"同学对他竖起大拇指。

在慷慨激昂的讨论声中，黄一欧若有所思地说："马上暑假了，我打算暑假回趟长沙。"原来他想借此机会返湘发展革命力量。

事实也是如此，黄一欧此次回国主要是为了开展革命活动。为了方便，他化名黄祖光，与几个留学日本的同学刘大辉、刘况、陈嘉立、陈嘉任、罗应坤、石磊回到阔别六年的故乡长沙，一块住在母校明德学堂。他们主动与早年留学日本、现居长沙的同盟会会员谭心休、唐蟒（唐才常之子）等人取得联系，在明德学堂的教室里秘密聚会。

会上讨论革命工作时，黄一欧建议：“我们要找一个光明正大的理由可以随时公开地聚会，方便我们宣传革命。”

有的同学建议成立一个演讲社，既能宣传革命，又能最快速度地凝聚更多的革命同志。其余同学说不行，目标太大，容易被清政府发现，必须要隐秘。大家各自发表意见，一时难于决定。

牢记父亲关于“强身而有为”的健身观念，青年黄一欧时时不忘体育锻炼

这时，黄一欧又建议：“还记得我们在日本玩的棒球吗？棒球在国内还不流行，玩的人少，不容易引起注意，可以随意聚会。我们可以建立一个玩棒球的团队，就叫野球会。”大家认为这是个好主意，既可以随时聚会进行革命活动，又可以掩人耳目，还能以投掷棒球来练习投掷炸弹，为将来革命做准备，一举多得！于是众人纷纷点头，齐声叫好。

野球会以黄一欧等革

命派留日学生为主，参会的明德学生很多，经常来的有 80 人左右。但不久有人向清廷告密，官府立即发出搜捕令，唐蟒、黄一欧名列前两名，其他同盟会会员也面临缉捕之险。情况很紧急，陈嘉任找到父亲陈树藩寻求帮助。陈树藩以湖南省咨议局副议长的名义出面维护，黄一欧等才避开了抓捕，匆忙逃离长沙，返回东京。

黄一欧此次虽然无功而返，却是在没有得到父亲指令下自主开展革命活动，同时成为一帮志士的核心。当时黄一欧还不到 19 岁，有这种主动性和积极性是难能可贵的。

七、武汉三镇“黄兴到”

1911 年 7 月，在黄兴的领导下，同盟会中部总会在上海成立。参加成立会的，有湖南、浙江、四川、福建、江苏、安徽、云南七省的同盟会会员共 29 人。会上通过了《中国同盟会中部总会章程》（以下简称《章程》）和《中国同盟会中部总会成立宣言》（以下简称《宣言》），推举陈其美掌庶务、宋教仁掌文事、谭人凤掌交通、潘祖彝掌财务、杨谱笙掌会计。总理一职，虚位待贤，实际上就是留给黄兴的。总机关设在上海，在各处设立分会。《章程》规定：本会以推覆清政府、建设民主的立宪政体为主义。《宣言》提出：奉东京本部为主体，认南部分会为友邦。

8 月 2 日，中部总会又推举谭人凤为总务会议长。随后，各省分会相继成立。南京分会由郑赞丞、章梓主持；安徽分会由范光启负责；湖北分会由居正主持；湖南分会由曾杰、焦达峰领导。同盟会中部总会的成立，适应了国内革命形势迅速发展的需要，加强了对长江流域各省革命的领导，对推进长江流域各省的革命运动起了重大作用。

同盟会中部总会成立后，湖北的革命形势发展很快。武汉两大革命组织——文学社与共进会很快实现了联合，进一步加快了起义的步伐。

文学社于1911年1月正式成立，队伍发展迅速，并与黄兴关系特别密切。文学社的组织渊源最早可追溯到1904年成立的科学补习所，1906年成立的日知会、1908年建立的军队同盟会和群治学社、1910年成立的振武学社，都是它的前身。名称虽不断更换，革命精神却一脉相承。文学社成员主要是新军兵弁。文学社成立时，新旧社员约800人，到4月发展到3000余人，7月已达5000余人。

共进会于1907年由刘公、张伯祥等人发起，于1909年由孙武在武汉设立办事机关，后来通过邓玉麟与新军中下层官佐、士兵加强联络，会员发展到2000余人，其中不少又是文学社社员。

1911年9月，文学社和共进会在武昌雄楚楼刘公寓所再次举行联合会议，一致同意搁置原来团体，以革命党人名义实行联合。经居正提议，向同盟会中部总会申请，请黄兴、宋教仁、谭人凤前来主持，并推居正、杨玉如二人专程赴上海敦请。居、杨二人于9月19日到达上海，向宋教仁汇报后获知黄兴现在香港，于是决定由同盟会中部总会派吕志伊前赴香港，请黄兴来鄂主持。

居正、杨玉如去上海后，武汉形势一触即发，革命的直接领导人选亟待立刻确定。9 月 23 日，雄楚楼刘公寓所再次召开小型会议，经反复协商，初步决定由蒋翊武任军事总指挥、孙武任军务部长、刘公为总理。24 日，文学社、共进会领导人与各营代表共 60 多人在胭脂巷机关召开联合大会，通过了刘复基报告的军政府组成人员安排：总理刘公，军事总指挥蒋翊武，参谋长孙武，下设军务、参议、内务、外交、理财、调查、交通等部。会上讨论通过了起义计划。

同盟会中部总会宋教仁等听了居正等的汇报，决定在武昌、南京、上海同时发动起义。当时山西、陕西、云南、广东、广西均有代表与会，他们随即密报本省准备响应。宋教仁将情况报告黄兴，黄兴回电表示：各省机关还没有一气打通，湖北一省恐难做到，必须迟到 10 月初，约同十一省同时起事才好。但得知新军队伍的革命氛围日益高涨，黄兴十分高兴，特赋七律一首赠给即将赴鄂的谭人凤，表达他的兴奋之情：

怀锥不遇粤运终，露布飞传蜀道通。
吴楚英雄戈指日，江湖侠气剑如虹。
能争汉上为先着，此复神州第一功。
愧我年来频败北，马前趋拜敢称雄。

从诗里不难发觉，黄兴已从广州系列起义失败的颓丧情绪中迅速振作起来。他密切关注国内形势特别是武汉等地的革命运动进展，一面着手筹款，一面筹划新的起义。

黄兴在 10 月 3 日复同盟会中部总会电文中说：“长江上下

自可连贯一气，更能力争武汉。老谋深算，虽诸葛复生，不能易也。光复之基，即肇于此，何庆如之！”10 月 5 日，黄兴又致信冯自由并请转告孙中山说：“今既有如此之实力，则以武昌为中枢，湘、粤为后劲，宁、皖、陕、蜀……亦同时响应以牵制之，大事不难一举而定也。急宜趁此机会，猛勇精进，较之徒在粤谋发起者，事半功倍。”后来的革命进程表明，黄兴在新形势下的新筹划基本上是正确的。

1912 年黄兴追忆往事，手书
“能争汉上为先着，此复神州第一功”

10 月 9 日，孙武等人在汉口俄租界配制炸弹时不慎引起爆炸。俄国巡捕闻声而至，搜去革命党人名册、起义文告、旗帜等，并拘捕刘同等 6 人，随即引渡给清廷湖北当局。湖广总督瑞澂下令关闭城门，四处搜捕革命党人。情急之下，革命党人决定立即于 10 月 9 日 24 时发动起义。但武昌城内戒备森严，各标营革命党人无法取得联络，当晚的计划落空。新军中的革命党人自行联络，约定以枪声为号于 10 月 10 日晚发动起义。

10 月 10 日晚，新军工程营第八营的革命党人打响了武昌起义的第一枪，推举吴兆麟为临时总指挥，夺取位于中和门附近的楚望台军械所，缴获步枪数万支，炮数十门，子弹数十万发，为起义的胜利奠定了基础。此时，驻守武昌城外的辎重队、炮兵营、工程营的革命党人亦以举火为号，发动起义，并向楚望台齐集。武昌城内第二十九标的蔡济民和第三十标的吴醒汉亦率领部分起义士兵冲出营门，赶往楚望台。武昌城内外起义人数达 3000 多人。约 22 时 30 分，起义军分三路进攻总督署和旁边的第八镇司令部，并联系已入城的第八标在中和门及蛇山占领发射阵地，对督署进行轰炸。

起初，起义军没有一个强有力的指挥，加上兵力不够，进攻受挫。当晚 24 时后，起义军再次发起进攻，并突破敌人防线，在督署附近放火，以火光为标志，蛇山与中和门附近的炮兵向火光处发炮轰击。湖广总督瑞澂打破督署后墙，从长江坐船逃走，第八镇统制张彪仍旧在负隅顽抗。起义军经过反复进攻，终于在天亮前占领了督署和镇司令部。张彪退出武昌，整个武昌被起义军掌控。

汉阳、汉口的革命党人闻风而动，分别于 10 月 11 日夜、10 月 12 日光复全城。

起义军掌控武汉三镇后，湖北军政府成立，改国号为中华民国，并号召各省民众起义响应。

与此同时，黄兴由香港取道上海，乔装混入女名医张竹君组织的赤十字会救伤队，于10月28日赶到武昌，并急令黄一欧自日返国参加革命。

湖北军政府顿觉群龙有首，立即举行隆重的欢迎仪式，还特地制作两面上书大字“黄兴到”的大旗，派人骑马挥旗绕行武昌、汉口，借以鼓舞军声民心。此后直到11月27日，黄兴临危受命，一直坐镇前线指挥作战，牵制清军主力，为革命形势的发展和各省的纷纷独立赢得了宝贵时间。

黄兴（前排左八）在武昌蛇山奥略楼前
与武昌首义革命党人合影

武昌首义创建了湖北军政府，成为共和政权的雏型，并引发各省响应。不到两个月中华民国临时政府宣告成立，取得辛亥革命的重大胜利。

在这一重大历史时刻，黄兴、黄一欧同样闻讯而动，勇赴一线、躬冒矢石，表现出了奋不顾身的革命实干精神。

八、上海光复起义

1911 年 10 月武昌起义胜利这一振奋人心的消息不仅震动了全国，也使世界为之震惊。以陈其美、宋教仁为首的同盟会中部总会立即联络以李燮和为首的光复会和以李平书为首的上海商团，于 11 月 3 日正式发动起义，11 月 4 日光复上海。

上海光复起义前夕，身在东京的黄一欧收到父亲急电后迅速启程回国。他先到香港，根据胡汉民的安排，留在香港等候计划中的广州起义。这时陈其美多次来电，要求在香港的同志前往上海相助。于是统筹部派黄一欧与洪承点、赵光（赵声的三弟）共同赴沪，协助陈其美在长江下游发动起义，策应武汉战局。

黄一欧、洪承点等到达上海后立即投身上海光复起义筹备工作中。他们还在陈其美家中研究光复江苏的办法，决定到无锡召集倾向革命的新军退伍士兵作为起义骨干力量，同时分头到镇江、南京等地活动，发动第九镇新兵同时起义。

上海光复起义爆发后，黄一欧参加了攻打江南制造总局的战斗。他携带短枪、炸弹，奋不顾身，冲杀在前，退出战场时血溅衣衫，疲惫不堪，稍加休息，又持枪上阵。目睹这一切的日本友人后来告诉黄兴说，黄一欧在上海表现出了男儿气概，没有给父亲丢脸。

少将黄一欧

11月6日，上海组织军政府，推选陈其美任都督。会后，革命同志感到组建军队极其重要，便与陈其美商量，得到他的赞同，组建了沪军先锋队。沪军先锋队由南京陆军小学来沪的粤籍学生、原第九镇一部分官兵和参加起义的警察、商团、巡防营士兵组成，民国成立后扩编为第七师。上海军政府委任洪承点、黄一欧担任先锋队的正、副司令，蒋介石任沪军第五团团长。

黄一欧时年仅19岁，军衔为少将。革命党讲究论资排辈，黄一欧当少将还是父亲压制的结果。他的许多同学当了中将，比如阎鸿飞，在德国做武官时，不好意思戴中将肩章，换了一副中校肩章。德国人还奇怪得很，20岁的毛头小伙子凭什么战功当上中校？在德国没有三四十岁，身上没几块伤疤是当不上校官的。黄一欧这时掌握的军费就有100多万，其中大部分是向上海大资本家虞洽卿等人借的，民国成立后连本带利还给了他们。

沪军先锋队成立后，黄一欧很快又受命将军队拉到苏州一带驻防，并进行训练。黄一欧除了打战，练兵也有一套。一次黄一欧和洪承点去检阅部队，士兵都站在操场上，听司令训话。黄一欧却一个人偷偷跑到士兵寝室，看看哪间寝室最卫生，被子最整齐，出来后不动声色。

轮到副司令训话时，黄一欧高声喊道："李得胜出列。"李氏不知犯了什么军规，心里七上八下。只听到副司令表扬说：李氏是一个当兵的模范，卫生方面做得最好，希望大家向他学习，现在奖励 20 块大洋。20 块大洋在当年是一个不小的数目，通常当兵的月薪不过几块大洋。大家交头接耳，不知道副司令怎么会注意这种小事。从此大家开始讲究卫生，军容士气也不知不觉中明显改善了。

沪军先锋队开赴苏州驻防之时，正是汉阳战局紧张之际。黄兴多次电促陈其美速即进取南京，策应汉阳。陈其美表示同

南京光复之役前黄一欧（左一）与日本友人合影

意，并先后派黄一欧等人前往南京和杭州，一方面了解情况，另一方面征求组建江浙联军的意见。

同盟会中部总会随即召开紧急会议，会议一致决议，策动江浙各军组编联军作为再次进攻南京的基本武力，并通电已光复的各省速派援军，共赴事功。不久，江浙联军总司令部在镇江成立，徐绍桢任总司令，黄一欧也踊跃请命率部参加联军光复南京的军事行动。

九、“八字家书”和南京光复之役

黄兴曾经希望黄一欧直接前往武汉参战。11 月初，张竹君因为劳累而感染生病，被迫从汉口启程返沪治疗兼为起义部队“备办冬衣药料”。临行前黄兴写了一封信托张竹君带给黄一欧，要求黄一欧去武汉参战。当时黄一欧为了筹组江浙联军进攻南京而奉命前往镇江、杭州等地联络，还在吴淞炮台卸运炮弹为攻打南京做准备，因而未能赴汉。

黄兴听闻儿子正在参加南京光复之役后很高兴。11 月 20 日南京光复之役爆发，此时也是清朝北洋军全面攻打汉阳的危急时刻，黄兴再次托张竹君给南京前线的黄一欧带去一封信。黄一欧收信一看，正文仅八个字：“努力杀贼！一欧爱儿。”落款处黄兴特意盖上了一枚小章“灭此朝食”。“灭此朝食”语出《左传·成公二年》“余姑翦灭此而朝食”，歼灭敌人后再吃早餐也不迟，饱含着勇武气概和必胜信心。

在战场上接到父亲的这封来信，黄一欧深受鼓舞，在南京

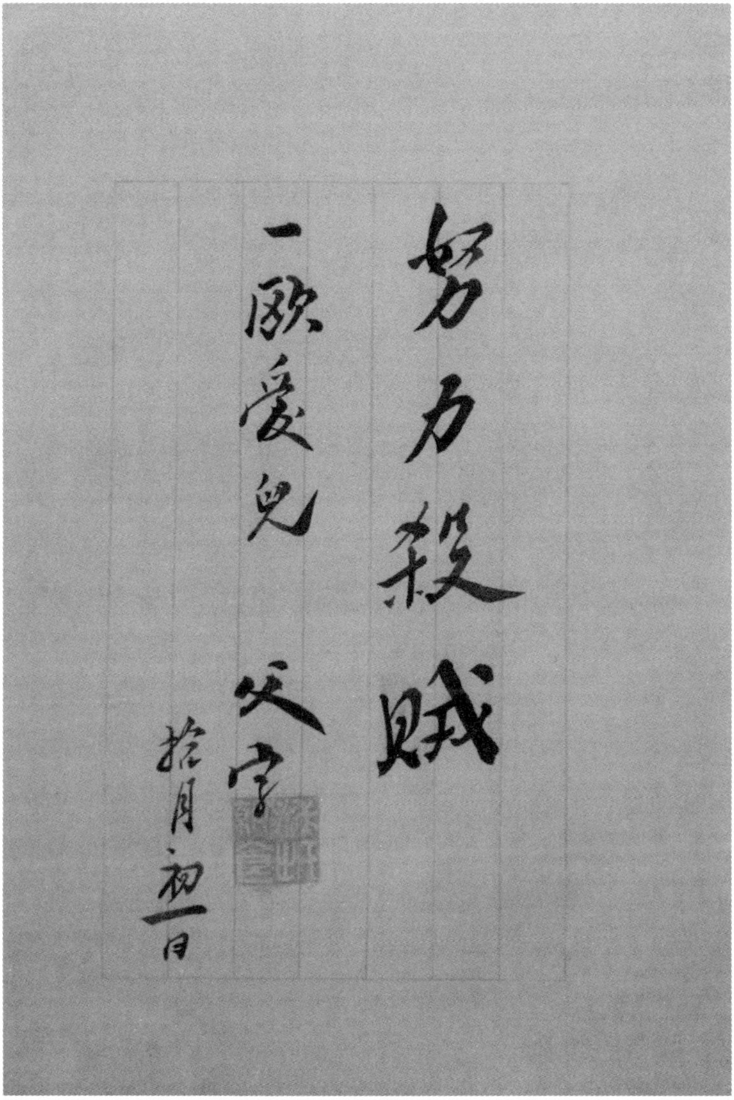

父子同处火线，黄一欧收到了父亲寄来的“八字家书”

光复之役中又立下赫赫战功。

11 月 20 日，联军会攻南京的战斗打响。28 日联军向南京城发起总攻击，按徐绍桢的计划，采取攻、诱并举的策略，不断炮轰攻城、炸药攻城，试图将敌诱出城外全力剿灭。镇军、沪军攻金川门；中路浙军向朝阳门发起攻击；左路苏军攻击雨花台。

联军虽然攻势迅猛，但遭清军顽抗。加上南京城外要塞富贵山、狮子山、天堡城的清军大炮阻击，老奸巨猾的清军守将张勋又拒不出战，只是凭金陵城的地势死守待援。联军苦战一天一夜，没有进展，自身伤亡不少，只好退回原地。适逢汉阳失守的消息传来，徐绍桢为此急得“口吐鲜血数盂”。第一次攻城失败后，经过会商，联军注意到不拿下天堡城，根本无法迫近城边，因此联军司令部认定：“我军若不夺取天堡城，南京不可得而下也。”

天堡城位于南京东郊紫金山西峰，北临长江，背倚南京城墙，地势险要。1853 年，太平天国定都天京（今南京）时，用当地坚硬的虎皮石修筑成壁垒森严的天堡城和地堡城两座军事要塞。天堡城修筑于绝壁高处，地堡城在西峰山下、太平门外，二者上下呼应，易守难攻。29 日，浙军司令部悬赏召集志愿强攻天堡城的敢死队员，应征者 192 人，黄一欧名列其中。

经过一天一夜的冒雨作战，黄一欧带领敢死队员终于占领了天堡城，参谋叶仰高、管带杨韵珂等壮烈牺牲。有一本叫作《东亚先觉志士传记》的书中记载：“黄一欧挥刀上阵，往来驰突，所向披靡，斩敌三十六人，刀镈遍洒敌人血。”当然书中所写之杀敌人数，已经无法查证，但英勇杀敌肯定是真。宫崎寅藏也在给妻子的信中述说：“黄一欧带领先锋队首先进攻，占领了天堡城，而将功劳让给别人，诚不愧为其父黄兴之子。攻打南京的战役中，他用伊东知哉赠送的宝刀斩敌多人，并夺得敌人的战马。”

南京光复之役，敲响了统治中国 267 年的清王朝的丧钟。一场恶战结束之后，黄一欧对自己的事迹毫不宣扬，只说自己在攻占天堡城后，留下几个炮弹筒并刻了字以作纪念。

天堡城之战中，联军共击毙清军 700 多人，联军伤亡 160 多人。此后，浙军从天堡城炮轰朝阳门、北极阁、总督府、旗营等处。12 月 2 日，苏军占领雨花台，攻入聚宝门，镇军攻入太平门，沪军攻入神策门。两江总督张人骏仓皇出逃，张勋率领清军残部退往浦口。洪承点与黄一欧两位沪军先锋队正、副司令，骑马领先，在群众的一片欢呼声中率部进入南京城，南京宣告光复。

南京光复后，黄一欧因连续奔波和竭力作战，劳累过度，染伤寒重疾，被迫退出作战、前往上海就医。1912 年，黄一欧在上海加入国民党。

当黄一欧病愈前后，沪军、江浙联军进行改组或扩编，将领们纷纷担任要职，也先后为他请职旌奖。但黄兴一一加以否决，他认为中国行当进入建设时期，因而希望长子黄一欧及所有的中国有志青年都能好好地读一点书，以成为“新共和国建设人才”。

相关链接

黄兴与齐白石

1905年，黄兴见东京同盟会总部的工作已打开局面，便计划回国发动武装起义。他认为，国外的工作固然不可或缺，但要推翻清朝反动统治，必须真刀实枪、面对面地战斗。

他来到广西桂林，准备策反湘籍清军将领郭人漳，筹划钦廉防城起义。郭人漳曾是华兴会的会员，1904年10月长沙起义失败后黄兴来到上海，因万福华刺王之春的案子受到牵连，与郭人漳等人一起被捕入狱。获释后，黄兴去了东京，郭人漳则经人保举出任中越边境驻防新军的统领。这次回国，因为头上没有辫子，为了避人耳目，黄兴干脆一副僧人打扮，来到郭人漳的军营中。在这里，他与著名国画大师齐白石发生了一段趣闻。

当时，齐白石在桂林以卖画刻印为生，生意很红火。一天，齐白石在一个朋友那里遇到一个和尚，对方自称姓张，名中正，别人都称之为张和尚。齐白石见这个和尚身材魁梧、目光炯炯，说话也不是本地口音，讲的都是救国救民的道理，便问他从哪里来、往何处去。

那和尚闪烁其词，没有说出一个准地方，只是吞吞吐吐地“唔”了几声，于是齐白石就没有再多问。

张和尚请齐白石画四个条屏，刻一枚闲章，给了他20元润资。当齐白石打算次年返湘的时候，张和尚知道了，特地跑来对他说："你哪天走？我预备骑着马，送你出城去！"齐白石不禁感叹："这位和尚待友，倒是很殷勤的。"

几年后，武昌首义爆发，民国建立，报纸上常有黄克强的名字出现，黄氏大名威震全国，妇孺皆知。那位朋友问齐白石："你认识黄克强先生吗？"他说："不认识。"朋友又问："你总见过他吧？"齐白石想了想，回答："素昧平生。"朋友笑着说："你在桂林遇到的张和尚，既不姓张，又不是和尚，就是黄先生。"齐白石这才恍然大悟。但他和黄兴桂林一别，再无缘见面。

齐白石在 88 岁时口述流年往事，由门人张次溪记录，写成洋洋六万言的《白石老人自述》，有着极为丰富的史料价值。从该书所载的这段回忆里，我们可以看到黄兴不为人知的可爱一面。

谭人凤

谭人凤，字石屏，号符善，晚年自号雪髯，人称谭胡子，1860 年生于湖南省宝庆府新化县福田村（今属邵阳市隆回县鸭田镇南湾村）。谭人凤是民主革命家、同盟会早期会员和重要骨干，武昌首义爆发后为策反黎元洪起了重要作用。

谭人凤少年时加入会党。1904 年办群志小学，联络会党，参与谋划长沙起义。1906 年赴日参加同盟会，后回国策应萍浏醴起义，起义失败后再入日本就学于法政学校。1908 年回国赴南部边境，策划粤、桂、滇边境武装起义。1910 年于东京召集十一省区同盟会分会长会议，赞成"组织中部同盟会以谋取长江革命”。1911 年赴汉促成文学社、共进会合作，并抵沪与宋教仁发起建立同盟会中部总会，任总务部长。武昌起义爆发后，至汉协助湖北军政府工作，又力促湘军援鄂。曾参与制定《中华民国军政府暂行条例》，随后参与指挥武昌防卫战，任武昌防御使兼北面招讨使。

南京临时政府成立前后，谭人凤力主北伐，并于上海组织北伐机关。1913 年宋教仁被刺后，回湘策动讨袁，失败后东渡日本。1916 年回国参加护国、护法运动。1920 年病逝于上海。

蒋翊武

蒋翊武，原名保襄，亦作保湘，字伯夔，湖南澧州（今常德澧县）人。1904 年，黄兴领导的华兴会计划在这年秋天发动长沙起义，宋教仁是五路起义大军的西路总指挥，主要依靠对象是江湖会党和府城学生，蒋翊武则负责组织学生运动。长沙起义失败后，他先后潜居上海和家乡。

1909 年 11 月蒋翊武加入清政府湖北新军。1911 年，农历辛亥年春节，蒋翊武在武昌黄鹤楼举行会议，成立了革命反清组织文学社，任社长。文学社刚刚成立的时候，人并不多，蒋翊武想了很多办法，发动每一个社员去发展新的力量。到 1911 年夏天，文学社正式入会的会员达到 3000 多人。

1911 年 9 月，蒋翊武被公推为武昌起义总司令。起义爆发后，他应对形势果断坚定，为武昌首义的成功做出了巨大贡献。其后，蒋翊武积极襄助莅临武汉指挥的民军总司令黄兴。

汉阳失守后，蒋翊武临危受命，任护理总司令，坐镇指挥，在武昌保卫战中取得了“却强敌，守危城”的战绩，牵制了北洋军的精锐兵力，有力地支持了其他地区的革命斗争。

中华民国成立后，蒋翊武没有以“首义功臣”自居，他创办《民心报》监督政治、关注民生，并于 1912 年夏将亲手创建的文学社并入中国同盟会。同年秋，宋教仁受孙中山的委托，联合其他小党，改组中国同盟会为中国国民党，蒋翊武成为 29 名参议之一，并出任国民党汉口交通站站长。

1913 年 7 月“二次革命”爆发。蒋翊武坚定地站在革命激进派一边，成为湖南“二次革命”的旗手，发表了著名的《讨袁檄文》。7 月 25 日，谭延闿宣布湖南独立，蒋翊武被任命为鄂豫招护使，并被派往岳阳布置军队。

江苏、江西等地的讨袁军遭受失败后，8 月 12 日，谭延闿宣布湖南取消独立，袁世凯重金悬赏缉捕蒋翊武。蒋翊武看到事情已无可挽回，只好与其他革命党人逃离湖南，改道广西去香港，计划再举义旗，却不幸在全州被捕。1913 年 9 月 9 日，蒋翊武被枪杀于桂林城丽泽门外，年仅 28 岁。

蒋翊武是中国近代杰出的民主革命活动家、辛亥革命武昌起义的主要组织者和领导者，被孙中山誉为中华民国“开国元勋”。

张竹君

张竹君，辛亥革命先驱、民国女权运动者、中国第一位女西医、中国赤十字会创始人，被誉为“中国第一位南丁格尔”。她1876年出生于广州番禺的一个官宦之家，幼时患病，经西医治疗痊愈，因而立下志向习医济世。1900年，她从美国传教士兴办于广州的博济医院（孙中山曾就学于此）毕业，成为一名医术精湛的全科医生。在闺密徐宗汉等人的支持下，她兴办医院专为贫民治病，又创办女学，培养女性医护人员。

武昌起义爆发后，黄兴携徐宗汉等人迅速赶往武昌前线，但因清军关卡检查严密，无法前行。他们绕道来到上海，徐宗汉找到张竹君，张竹君答应把他们二人送到武汉。此时，上海虽为大清红十字会驻地，但官办色彩浓厚。张竹君经多方奔走、联络，在1911年10月19日成立了中国赤十字会。她迅速组建救伤队登上“瑞和”号，前往湖北，包括黄兴在内的多名革命党人混迹其中，于28日下午安全到达武昌。

张竹君率领的救伤队是一支劲旅。武汉革命军与清朝军队的交战中，仅10月28、29两日，就有2000多人受伤或阵亡，重伤者多由汉口转到武昌治疗。张竹君多次冒着炮火乘小筏子过江，抢治受伤的官兵。11月1日，因日夜抢救伤员，感染细菌后手部肿大并发烧，疲惫的她这才返回上海治疗，期间还坚持为革命部队采购冬衣和药品。

民国建立后，张竹君大力宣传女权思想，曾组建参政团体。抗日战争时期，她积极救护军民，并先后收养20多名孤儿，尽心教养。

张竹君一生爱国爱民，救死扶伤，终生未嫁，1964年病逝于上海。

洪承点

洪承点，江苏仪征人，中国近代民主革命家。清末投笔从戎，应征至安庆，任新军炮兵营排长，秘密参加反清革命活动。1908 年 11 月 19 日，与熊成基、范传甲等人率马、炮两营士兵起义。起义失败后，南下香港，以图再举。在香港结识黄兴、陈其美等革命党人，加入中国同盟会。

1911 年，洪承点积极参加黄花岗起义，起义不幸失败后撤往香港。武昌起义爆发后，赴上海随陈其美、李燮和等人领导起义部队，与黄一欧并肩作战攻打江南制造总局清军驻地。中华民国成立后，沪军先锋队扩编为第七师，洪承点任师长。“二次革命”后退出军界，后隐居扬州，抗战前夕病逝。

第四章 功成而不居

一、功成身退

武昌起义后不到两个月，全国大多数省先后宣告脱离清政府独立。这样，建立全国性的中央政府成为刻不容缓的任务。

1911 年 12 月 2 日，江浙联军攻克南京。4 日，十七省驻沪代表决定中央临时政府暂设南京，同时投票公举黄兴为大元帅，组织临时政府。黄兴借口“才力不胜”，坚辞不受，表示“愿领兵北伐，誓捣黄龙”，至于组织政府，“孙中山将回国，可当此任”。

由于孙中山迟迟未归，12 月 17 日，各省代表又改举黎元洪为大元帅，黄兴为副元帅，并议决“黎大元帅暂驻武昌，由副元帅代行大元帅职权，组织临时政府”。20 日，各省代表会议自南京致函黄兴：“即速来宁，组织临时政府。”22 日，江浙联军代表李燮和等又赴上海，请黄兴即日赴南京组织临时政府。

在各方的一再催促下，黄兴才勉强答应，准备即日就道前往南京。这时，孙中山即将归国的消息传来，黄兴立刻又推辞赴南京组织临时政府之行。他说：孙先生是同盟会的总理，他未回国时我可代表同盟会；现在他已在回国途中，我若不等待他到沪，抢先一步到南京就职，将使他感到不快，并使党内同志发生猜疑。太平天国起初节节胜利，发展很快，但因几个领袖互争权力，终致失败。我们要引为鉴戒。肯自我牺牲的人才能从事革命。革命同志最要紧的是团结一致，才有力量打击敌人。要团结一致，就必须不计较个人的权利，互相推让。

在权位名利面前，黄兴再三谦让表现出不争的崇高品德，堪为后世楷模。

1911 年 12 月 25 日，孙中山抵达上海，黄兴等人前往吴淞迎接。在第二天欢迎孙中山的宴会上，黄兴又与宋教仁等密议，达成推举孙中山为临时大总统的意见。随后，黄兴偕宋教仁赴南京活动，亲向各省代表提议选举孙中山担任临时大总统。正是得力于黄兴的提议，在 12 月 29 日的临时大总统选举会上，孙中山终以 16 票当选，正式成为中华民国第一任临时大总统。

次年临时政府北迁，袁世凯就任新一任临时大总统，他任

1912 年 2 月 15 日孙中山（前排左六）、黄兴（前排左五）带领众人参拜南京明孝陵

命黄兴为南京留守，负责南方各军整顿和南京地区治安。黄兴察觉袁世凯的狼子野心，反复对革命同志强调建立政党、兴办实业、贯彻三民主义的重要性。他希望大家以国家民族利益至上，不为眼前名利浮云羁绊，竭力巩固民国、发展民国。

民国建立以后，如何巩固国基，使国家兴旺强盛，是关系革命前途的根本问题。孙中山、黄兴都把注意力投向“扩张教育，振兴实业，以立民国国家百年根本之大计”，力图为国家实行共和奠立稳固的思想基础与经济基础。1912 年 3 月 3 日通过的《中国同盟会总章》明确规定：“本会以巩固中华民国，实行民生主义为宗旨。”显然这里是把实行民生主义和巩固中华民国紧密联系在一起的。实行民生主义，最主要目的就是为了“巩固中华民国”。在此后的一年时间里，无论是孙中山还是黄兴，都把主要精力放在筹划经济建设、实行民生主义方面。就在4 月 1 日解除临时大总统之职的当天，孙中山在南京同盟会饯别会上即表示：“今日满

1912 年黄兴任职南京留守时与家人合影。前排右起黄兴、次子黄一中、继母易自易、长女黄振华、夫人廖淡如，后排右起长子黄一欧、长媳李兴亚

清退位、中华民国成立，民族、民权两主义俱达到，惟有民生主义尚未着手，今后吾人所当致力的即在此事。”

正是基于这种思考，黄兴建议只有 19 岁却已经凭着赫赫战功当上少将的长子黄一欧辞去一切官职去美国继续读书深造。因为父子俩都明白，未来中国缺少的不是官僚，而是有真才实学的建设人才。黄兴希望自己的儿子和其他有志青年都能多学些实用的知识，为国家和民族的建设做出踏踏实实的贡献。

在父亲勉励之下，黄一欧毅然辞去高官厚禄，决定远渡重洋去美国留学深造。

二、“将来还要我打仗的”

1912 年 8 月国民党成立，这是一个以同盟会为主，联合统一共和党、国民共进会、共和实进会、国民公党等组建而成的政党。此时的国民党虽然是国会中第一大党，声势显赫，人员众多，经费却很紧张。于是黄兴又采取过去用过的老办法，动员家人同意，将自己家中最后的产业，即长沙文星桥三户里一栋近千平米的住房，捐赠给国民党湖南支部。

当年为了创办华兴会，黄兴卖掉凉塘的祖业，如今革命成功，成了开国元勋，还要捐出最后的产业，把家人折腾得居无定所。在中国历史上履职在任的开国元勋之中，这是从来没有过的事。

为了化解各派分歧，指导国民党成立和实行政党内阁制的诸种具体工作，9 月 11 日至 10 月 5 日，黄兴亲自进京，会晤了时任临时大总统袁世凯和各界名流，促进了民国初年仅见一次的协商合作之“政界新潮”的出现。9 月 18 日，在社会党欢迎大会上，黄兴撰联书赠大会主持人陈翼龙：“建设共和新事业，铲除世界最强权。”旨在表达各派精诚团结、建国兴国、振兴中华的冀望。

黄兴手书对联“建设共和新事业，铲除世界最强权”

满腔热情之余，黄兴以其政治家对局势的敏感性，察觉到袁世凯野心勃勃，因而曾称“民国之危，甚于累卵”，并拒绝袁世凯的一切笼络手段。

10 月 9 日，为庆祝辛亥革命一周年，袁世凯在北京颁布命令，授予孙中山大勋位，黄兴和唐绍仪等人勋一位。授勋令公布后不久，袁世凯派专使到上海同孚路黄兴寓所，送来陆军上将特任状、授勋令和勋章，另外还有几件礼物和两匹英国种枣骝玉点马。黄兴当时勉强收下了。

来人去后，黄一欧因为好奇，将勋章佩在胸前，左顾右盼。

正在这时，黄兴上楼来了，严肃地对黄一欧说："这有什么用？你知道吗？这是袁世凯的笼络手段，可是我不会上当的！"接着又说："这些东西都要退回去，只把马留下来。"

黄一欧问父亲："为什么要留马？"

黄兴深沉地回答儿子说："革命远未成功，将来还要我打仗的。"

黄兴随即将特任状、授勋令、勋章以及所有礼物都放在一边，只留下两匹马。每天清晨，他要求黄一欧骑着马到寓所对面的打铁滨骑马道去调教马匹，自己则站在阳台上亲自观看并加以指点。

10月23日，黄一欧随父亲乘"楚同"号军舰回长沙。乘船由水路回湘途中，黄兴站在船头，眼睛望着军舰划开滔滔江水，激起层层浪花，遥想几度梦回的故乡热土，回顾自己波澜壮阔、跌宕起伏的人生经历，不禁百感交集，于是提笔写下《三十九岁初度感怀》：

> 卅九年知四十非，大风歌好不如归。
> 惊人事业随流水，爱我园林想落晖。
> 入夜鱼龙都寂寂，故山猿鹤正依依。
> 苍茫独立无端感，时有清风振我衣。

黄一欧深深地感受到此时父亲的情绪和对国事的忧虑，于是小心翼翼地保管着该诗原稿。1953年，这首诗的原稿，连同黄兴使用过的一枝猎枪和其他几件遗墨，由黄一欧捐献给湖

1914 年 6 月赴美前夕，黄兴再次手书《三十九岁初度感怀》赠给前来送行的李盖吾。李盖吾，长沙善化榔梨鹿芝岭人，其女李兴亚嫁给黄一欧。李、黄两人后来因故分居，李氏没有生育，曾收养一女黄纯芝

南省文物管理委员会收藏。

船到武昌首义之地，黄兴独自站在船头，望着长江两边的码头，更是心潮澎湃。回想去年今日，他还横刀立马驰骋疆场，指挥首举义旗的革命军，与清军主力拼死奋战。如今革命虽然成功，推翻了统治中国两千多年的封建帝制，然而共和事业多灾多难，革命的果实被迫拱手让与北洋军阀，革命的前途未知能否如人心愿。因此满腹心事的黄兴又提笔写下两副对联：

江汉汤汤，这似水流年，常记起八月十九；
风云郁郁，愿中华民国，继自今万岁千秋。

百折不回，十七次铁血精神，始有去年今日；
一笔钩尽，四千年帝王历史，才成民主共和。

为了纪念革命元勋，1933年湖北省在武昌蛇山奥略楼前竖立一尊黄兴铜像。黄一欧（后排居中）与黄兴发妻廖淡如夫人（前左三）、徐宗汉夫人（前左二）出席了铜像落成仪式

国民党湖北省支部在汉口大汉舞台举行盛大的欢迎会，欢迎功成身退的开国元勋黄兴。会场内外挤满欢迎的人群，都盼望一睹黄兴的风采，更有许多去年见过黄兴、曾与黄兴并肩战斗的人，

对他更为亲切。黄兴在会上发表了长篇讲话，指出武汉为南北之中枢，“于谋本党之发达利便莫大”，希望湖北省支部同志利用这独一无二的地位，成为新成立的国民党进行政治建设的中坚力量。

船到岳阳，黄兴诵读了先贤留下的《岳阳楼记》，想起范仲淹“先天下之忧而忧，后天下之乐而乐”“居庙堂之高则忧其民，处江湖之远则忧其君”的高风亮节，自愧不如，又写下一首《岳阳旅次》：

借得唐人诗一句，洞庭秋水远连天。

中流自有擎天柱，明月多情照客船。

带着茫然而又振奋、“独立无端”而又踌躇满志，同时盼望“中流自有擎天柱”的复杂心情，黄兴带着长子回到阔别八年的故乡长沙。

三、父子回故乡

1912 年 10 月 31 日，长沙各界倾城而出，欢迎大英雄黄兴重返故乡。辛亥革命期间，湖南由于出了黄兴、蔡锷、宋教仁等一代豪杰，民心为之大振，黄兴和黄一欧盛誉归来，把湖南人的自豪感推到了顶峰。站在欢迎队伍最前面的，是一群不到十岁的小朋友，他们用稚嫩的童声，唱着感情真挚、充满湖南风味的欢迎歌：“凉秋时节黄花黄，大好英雄返故乡。一手缔造共和国，洞庭衡岳生荣光。”

13 时 30 分，黄兴乘坐军舰抵达长沙。他徐徐走出船舱，踏上阔别八年的故乡大地。二十一响礼炮从停在湘江中的炮船上发出，岸上锣鼓声、欢呼声响成一片，全城燃放鞭炮，整个长沙为之疯狂。湖南军政府原本准备了一顶前清留下的绿呢大轿，把黄兴当成一品大员迎接，但因为民众都渴望一睹这位大英雄的风采，只好改变主意，请黄兴骑马进城。

黄兴因为脚部受伤未愈，本来不方便骑马，眼见盛情难却，也就高高兴兴同意了。正当他准备上马时，突然有位身穿戎装的军人，低头走到黄兴面前躬身施礼，仔细一看，原来是曾任清朝钦廉边防督办的郭人漳。

辛亥革命前，黄兴在广西钦廉地区发动武装起义，多次与郭人漳交手。郭人漳被黄兴打得落花流水，曾发誓要讨平革命党人，铲除黄兴。

时过境迁，郭人漳此时已是民国政府的将军，在湖南警界任职。他一脸愧疚地抢过缰绳，主动提出要为黄兴牵马。黄兴抬手拍拍郭人漳的肩头，对他一笑。在黄兴身后的黄一欧看来，这一拍一笑意蕴无穷地包含了父亲这位大丈夫的千言万语，更恰到好处地展现了父亲这位政治家的气度和风流。

只见黄兴自己牵起缰绳，骑上那匹高头大马，和湖南军政府都督谭延闿按辔同行，缓步向城内走去。入黄兴门（原小西门），走黄兴路（原坡子街），向街道两边欢迎的人群挥手示意，直到又一村行馆下马，休息片刻后即赶到教育会坪（曾为清代湖南巡抚衙门驻地，位于今长沙市开福区营盘路218号附近）与在那里等候多时的群众见面。

欢迎会上，先由革命战友、时任湖南军政府内务司长仇鳌致欢迎辞，接着黄兴致答谢辞。黄兴刚从座位上站起来走向讲台中央，还未开口说话，会场已经响起雷鸣般的掌声。黄一欧也激动不已地鼓起掌来，接着便听到父亲带着笑意对台下的欢迎人群演说道：

> 予去湘已八年，今日承父老兄弟之欢迎，予心滋愧。但予尚有许多话与父老兄弟一谈，今日为时过迟，又地大不能听之明晰。予居湘尚久，俟异日徐徐谈论，今日道谢而已。

随后的日子里，黄兴参加各式欢迎会、座谈会，除了鼓励湖南人民努力建设民国、建设家乡之外，总在劝诫人民要重视教育，“研求学问，为国保障。发挥湖南人的特性，使留一光荣历史”。他说：“欲谋国家之发展，莫先于教育。”只有学校林立，造就各种人才，以湖南之资，从农、工、商上努力进行建设，湖南“自不难为民国模范”。

参加完湖南省欢迎会后，黄一欧由家中赶车的老吴头接回家看母亲。

“老吴，你是不是走错了，这不是去我家的方向。”

“少爷，黄先生已经把原来的宅院又捐了卖了，夫人、小姐临时租住在河边。”

“母亲和妹妹还好吗？”

“身体健康着呢。还有，夫人有喜了，您要有妹妹或者弟弟了。”

马车缓缓驶来，停在湘江边潮宗街一间毫不起眼的房舍前，房舍上面挂着一副牌匾，上写三字——“绮霞阁”。

黄兴为新租在湘江边的房屋题额

黄一欧下车时，发现母亲廖氏与妹妹振华已经等候良久。廖氏身怀六甲，孕态微现，岁月让她愈发恬淡静美。她一手抚摸着肚子，一边仰着脂玉般的白净脸庞看着前方。妹妹黄振华娇俏可爱，半搀着母亲，时不时望向远方等待哥哥。

黄一欧走向母亲，母亲看着英武的儿子，满脸欣慰与骄傲。黄一欧搀扶着母亲在椅子上坐下，环顾下屋子。房子不大，略显简陋，不过房内摆设十分清雅，满架的书与字帖让小小的屋子平添几分文雅的书卷气。

“母亲，您为何住河边？长沙雨季常有涨水，河边房子容易被淹，您住这里，岂不危险？”

廖氏说：“你父亲把房子捐给了国民党湖南支部筹备选举。捐房后，我们在湘江边租了这处公寓，这里江景壮观、美景如画，所以你父亲为新居题名‘绮霞阁’。”

黄一欧推开窗户，顿时满眼生辉。此时正是傍晚时分，夕阳西斜，霞光万丈，屋内瞬间染成了金色。窗外是一江湘水，晚霞余晖铺洒在江面上，正是半江瑟瑟半江红，偶有飞鸟鸣叫数声，从水面掠过。此情此景，恍若置身仙境。廖氏与儿子一起并肩看着窗外美景，享受着难得的母子温情时刻。

接下来两个多月，黄一欧和父亲一起参加各种活动，感受着父亲在故乡热土上迸发出的异样热烈的家国情怀。

在湖南学界欢迎会的演说中，黄兴以自己接受教育成长的过程和回湖南执教经正、明德两学校，启导人民立志为国家谋富强、为民族谋进步的事例，说明教育与国家的关系。

在明德学堂欢迎会的演说中，黄兴明确地说明，造成民国者在教育，建设民国者亦在教育，“将来建设事业甚多，非有学问不可”。一校之成立，非一人之力所能支持；一国学校之发达，也当视民立学校之多少为转移。所以，要人民变强，首先要多办学校，只有学校强人民才能强，只有人民强国家才会强。教育的发达与国家的发达相辅相成，互相促进，缺一不可。

黄兴说，要国家富强，就要实行民生主义，本着革命的精神，“从实业上做去”，只有“趋重实业”，才能“造成一个最富足最强盛的国家”。所以，“今日最大事件，即为教育、实业两项”。而实业中最重要者即交通，如铁路的建筑，其次则为矿产的开发，再次是发展农业。“开放门户，输入外资，兴办铁路、矿山，建置钢铁工厂，以厚民生”，“提倡资助国民实业，先着手于农林工商”为根本。

黄兴提倡实业，而且带头从事实业活动。他既与谭延闿等发起成立洞庭制革股份有限公司，与龙璋等组织中华汽船股份有限公司，又与郭人漳等发起组织湖南五金矿业股份有限公司，还带着黄一欧等人亲赴萍乡、安源、湘潭等地考察矿务，计划大规模开采。

黄兴和黄一欧在长沙期间，曾召集省内名流，开了一次新长沙建设研究会，计划以岳麓山为市内中心点，建设湘江大桥，向东、西方向拓址发展城区，修筑纵横交错十条大马路，并开辟南岳衡山直达洞庭湖的交通风景线等。

在长沙期间黄兴还领衔创办了湖南贫儿院，专收烈士遗孤和赤贫儿童入学，以忠孝、仁爱、信义、和平为训育原则。1950 年，该院由长沙市政府接管，即今天天心区回龙山黄兴小学的前身。

黄兴还特地前往城区吉祥巷圣公会拜访牧师黄吉亭，感谢当年的救命之恩，并为教堂题词留念：“耶稣圣名，敬拜宜诚。辞尊居卑，为救世人。”题词后被镌刻立碑，碑文现嵌挂在长沙市北正街圣公会教堂门额上方。

黄兴题词赠谢圣公会

黄兴与黄吉亭生死之交的故事开始于 1904 年 10 月 24 日。当时，黄兴领导的华兴会策划长沙起义，因事泄，起义未举而败。黄兴身份暴露，遭清政府围捕，情况危急。黄吉亭一向钦佩黄兴的志向和抱负，此时连夜在西园龙璋府第“与克强讨论出险方法”。第二天，黄吉亭乘轿垂帘再次至龙府“拜访”，改换黄兴乘此轿从小路出逃，躲避于美国传教士孟良佐创建的圣公会。一个月后，风声渐息，黄吉亭和黄兴化装成海关人员，连夜乘船到达汉口。由于到汉口时已是次日深夜，开往上海的客轮已起航离开，黄吉亭又秘密租一小船，送黄兴登上招商局一艘正要出发去上海的轮船。黄吉亭嘱咐黄兴“到上海时即来一电，只拍一‘兴’字，即知君平安无恙”，“黄兴”一名即由此而来。

为了黄兴家眷的安全，黄吉亭专门在圣公会附近为其租屋，带其做礼拜。官府因为教会的缘故心存顾忌，不敢对黄兴的家人滥下毒手。黄兴顺利脱险后，宋教仁不知起义事败，仍按原定计划赴长沙运送军火，幸而路遇黄吉亭和曹亚伯，在二人护送下才得以安全出长沙。

“入夜鱼龙都寂寂，故山猿鹤正依依。”黄兴、黄一欧此次在家乡逗留了两个多月，其间 12 月上旬回凉塘小住了几日。看到乡亲们跑了 20 多里路前来迎接，黄兴连忙下轿和热情的老乡打着招呼、话着家常，一路步行到凉塘故居。在人群的簇拥下，他看到了黄家庄园旧业门口波光粼粼的水塘，看到了祖屋前后茂林修竹、亭阁宛然。

就在凉塘附近的鹿芝岭，这个传说中迎接过乾隆皇帝的地方，家乡人民举行盛大的欢迎会，迎接黄兴这个“把皇帝拉下马”的亲人。黄兴很激动，发表了热情洋溢的演说，号召同胞团结奋斗，振兴家乡和祖国。

踏上故乡的热土，呼吸着熟悉的空气，满眼是熟悉的山水，黄兴、黄一欧都感慨万分。黄一欧知道，“惊人事业随流水，爱我园林想落晖”，这就是父亲内心追求的闲适生活。早在担任南京留守的时候，父亲就有解甲归田之意，现在，终于回到了故乡的怀抱。喝着故乡的水，看着故乡的人，声声乡音入耳，分外亲切，盈盈笑脸相迎，那样踏实。可国家内忧外患，有志之士怎么能耽恋故土、安享荣华？几天后，黄兴挥手告别了故园，前往武汉，再次踏上了寻求理想的道路。

相关链接

仇鳌

仇鳌，字亦山，湖南湘阴归义乡（今属岳阳汨罗）人。由于家庭贫困，1895 年 16 岁时始入乡塾求学，1902 年应长沙府学试为生员。1904 年赴日留学，后毕业于明治大学。他在东京与族侄仇亮（仇亮后来回国参加山西新军，1911 年 10 月率所部响应武昌首义，黄兴激赏其“天生此材必有用，我与子别当谁从”）等人组织成立新华会，以呼应华兴会。1905 年加入同盟会。1912 年，同盟会改组为国民党，被推选为中国国民党湖南副支部长。此后参与反袁斗争，倾向农民运动，曾筹款资助毛泽东、李维汉等人在船山学社创办湖南自修大学。

1949 年湖南和平解放后，仇鳌出任湖南人民军政委员会副主任、湖南省临时人民政府委员。1949 年 11 月应毛泽东电邀入京，旋任国民党革命委员会中央委员会委员、中南军政委员会委员兼参事室主任，全国政协第二、三、四届委员。1970年病逝。

第五章

大道之行在吾党

一、辞官赴美求学

武昌起义胜利后，革命党人成立了中华民国。虽然黄兴一再推辞，不肯功居首位，但不管是谁当总统，像他这样功劳卓著的元勋，许多人认为黄家肯定会迎来封妻荫子、满门富贵的时刻，身为黄家长子的黄一欧也肯定会出将入相。

然而出人意料的是，黄一欧并没有迷失自我。他完全认同黄兴关于未来我们国家最缺少有真才实学的建设人才的观点，主动提出辞去一切官职，卸甲为民，决定留学深造，报考美国哥伦比亚大学外交经济系。

父子一席谈心后，黄兴欣慰地说：“你的格局和眼光已经超越了为父当年，功成而不居之，这种胸襟，我为你骄傲！为父支持你，去吧，好好学习，等你学成归来。”

1912 年秋冬黄一欧出国求学之际，黄兴书赠“笃实”二字鼓励儿子。“笃实”语出《易传 · 大畜》：“刚健、笃实辉光，日新其德。”刚劲健强，静止充实，内外互相辉映、光彩焕发，日日增新自身的美德。以此书赠黄一欧，是黄兴对儿子的督察、教导，更是对儿子学习深造以更好地报效国家的期待。后来，女儿黄振华出国求学时，黄兴又写了“无我”二字相赠。

这四个字都被黄一欧铭记在心，并传承给后人。他的儿子黄伟民回忆说：“父亲在我懂事时，就向我传播要牺牲‘小我’，做到‘无我’。‘笃实’就是做人要实在踏实，不要搞虚

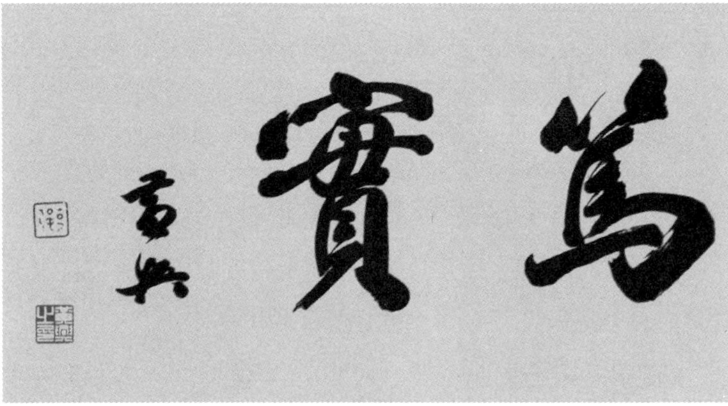

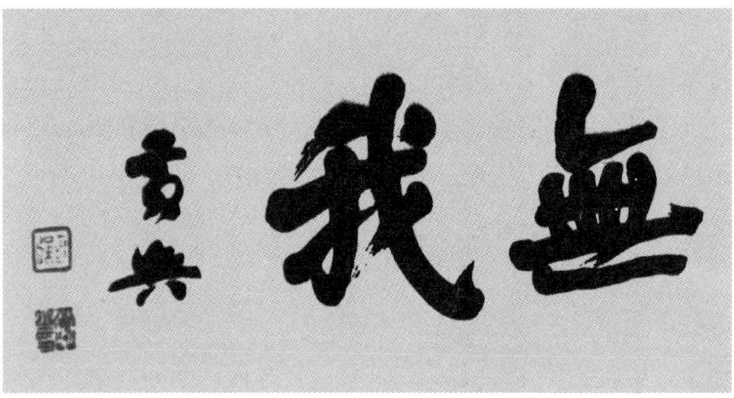

黄兴手书的“笃实”“无我”

华的东西，不去追逐名利。”著名的黄氏家训“笃实”“无我”由此正式确定。

黄一欧报考哥伦比亚大学十分顺利，但待到成行之时，才发现没有护照进不了美国。当初从日本回国参加辛亥革命之际，为了表示革命的决心，他已经将自己的护照撕掉了。这时他突然想起在日本时与美国旧金山海关关长的女儿打过交道，于是通过这层关系，办了一个临时证件于 1912 年 12 月抵达美国。

黄一欧在旧金山受到革命同志和侨界的热烈欢迎，“中国飞行之父”冯如也热情邀请他来参观自己的旧金山海湾试飞活动。那是一种前后座双人水上飞机，当时具有世界先进水平。驾驶员和后面乘客通话要靠一根橡皮管子大声喊，声音吵得不得了。更要命的是，大家从来没有见过这个会飞的玩意，谁也不敢上去一试。

黄一欧自恃在军校练就的一副好身体，再加上自己是革命党，不上去还不让人家笑话？在马达轰鸣声中，驾驶座上的冯如启动飞机慢慢地开始从水上滑行，不知不觉飞了起来，下面大众齐声欢呼。冯如心情激动，操纵飞机一会儿头朝下，一会儿又翻过来。飞机上下翻飞，黄一欧胃里翻江倒海，异常难受，想让冯如停下来又没法抓住橡皮管子通话。飞机降落下来之后，胆战心惊之余，大众将他俩抬起再度抛到天上以示庆贺。

旧金山的同志给黄一欧买了一张头等车票去往学校。黄一欧上车一看，一间包厢有两个铺位，里面已经坐着另一位乘客，一个十六七岁的漂亮女孩。旅途时间冗长，两个年轻人自然而然地聊起天来。原来这位女孩去芝加哥。她出身美国铁路大王之家，以前乘游船到过台湾、香港和上海，对中国的一切都非常好奇，特别是男人的长辫子、女人的三寸金莲。

黄一欧乘坐的这趟火车沿途各个大站，比如盐湖城、丹

留学美国期间黄一欧热爱划船等运动

佛，国民党分部的同志们都来登车献花。小姑娘搞不清黄一欧是什么来头，不由生出爱慕之心。芝加哥到了，她也不愿意下车，一定要跟黄一欧去纽约。黄一欧知道革命事业有规定，不可以鲁莽从事，只能理性出发，婉言拒绝。那年黄一欧不过21岁。

哥伦比亚大学位于纽约上西城，面临哈得逊河，风景优美。那时没有臭名昭著的哈林区，校园周边治安良好。校园后面有美国总统格兰特将军的墓园，李鸿章1896年访问纽约时，托驻美公使在老朋友墓园外面栽了三棵银杏，现在已亭亭如盖。

哥伦比亚大学学生宿舍用大理石作大堂装饰材料，一百多年了，漂亮的大理石柱子和楼梯依旧光亮，能让人感受到昔日的辉煌。每间学生公寓有两间卧室、两个厕所、一间厨房。可能是出国早的原因，黄一欧很喜欢西餐，罗宋汤是他的最爱。

西餐里面他最喜欢吃土豆。美国的土豆很大，厨师将土豆雕成鱼的形状，再浇上一层汁，味道好得很。他对美国半生不熟的牛扒也是赞不绝口。黄一欧回忆说，宿舍整天供应免费咖啡、牛奶和点心，服务好。不到一年的美国留学生活给他留下了极好的印象。

二、“二次革命”

1912 年 2 月，清隆裕太后诏令退位，袁世凯正式走上前台。根据革命派与袁世凯的谈判，南方独立各省最终“选举”袁世凯为中华民国新一任临时大总统。1913 年 2 月，中国首次根据《中华民国临时约法》的规定，进行国会选举。以同盟会为骨干组成的国民党获得议席最多，预备由国民党的实际党魁宋教仁出任内阁总理。这个局面是一心大权独揽的袁世凯所不愿接受的。

1913 年 3 月 20 日，宋教仁在上海沪宁车站遇刺，两天后去世。凶手应桂馨后在上海公共租界被捕获，陈其美称搜出凶手与袁世凯的心腹、时任国务总理赵秉钧的通信记录。当时种种证据都表明袁世凯是暗杀背后的策动者。江苏都督程德全、民政长应德闳在收到租界会审公堂移交的证据后，把应桂馨与赵秉钧、内务部秘书洪述祖之间来往的秘密电报和函件的要点以“通电”的形式向海内外公布。

赵秉钧先是发出公开电报为自己辩解，当上海地方检察厅公开传讯对质时，他又拒绝到上海应讯。迫于社会舆论的强大压力，袁世凯批准他辞去总理，由段祺瑞代理。

孙中山于事发后从日本返回中国，在上海召开会议，主张进行“二次革命”，武力讨伐袁世凯。国民党内意见不一，部分领导人倾向使用和平手段，在不破坏《中华民国临时约法》的前提下以法律途径抗争。为了维护革命团结形势，黄兴继续选择支持孙中山。

孙中山、黄兴在上海举行会议，决定发动“二次革命”。
图为与会人员合影，前排左二为黄兴、左三为孙中山

4月26日，袁世凯北洋政府向英、法、德、日、俄五国银行团签订借款合约，意图扩充军队。国民党籍的江西都督李烈钧、广东都督胡汉民、安徽都督柏文蔚通电反对贷款。黎元洪居中斡旋，希望化解北京方面与国民党之争。6月，袁世凯动作频频，先是免除李烈钧、胡汉民、柏文蔚三人的都督职务，又派北洋军第六师李纯率部进入江西。

7月12日，面对袁世凯的步步紧逼，李烈钧在孙中山指示下，从上海回到江西，在湖口召集旧部成立讨袁军总司令部，正式宣布江西独立，并发表电告讨袁。

7月15日，黄兴抵达南京，组建江苏讨袁军，自任总司令，宣布江苏独立，并任命上海松江籍同盟会老会员钮永建为苏沪讨袁联军参谋长（后任松江讨袁军总司令）。

随后安徽柏文蔚、上海陈其美、湖南谭延闿、福建许崇智和孙道仁、四川熊克武亦宣布独立。浙江朱瑞、云南蔡锷中立。7月18日，陈炯明响应孙、黄号召，宣布广东独立。

7月22日，江苏讨袁军在徐州地区与冯国璋北洋第二军和张勋武卫前军会战失利，退回南京。7月22日至28日，上海讨袁军屡攻江南制造总局未克，指挥部被上海租界当局勒令解散。7月28日，黄兴看到大局无望，遂离宁出走海外，讨袁军全局动摇。

8月11日，湖南衡阳人、文学社老社员何海鸣率南京第八师部分下级军官及士兵重新举旗讨袁，宣布江苏恢复独立，2000多名士兵与北洋军展开血战，最终惨遭失败。8月13日，拥袁桂军龙济光部攻占广州。9月1日，张勋攻克南京。广州和南京战事结束后，“二次革命”败局已定。

尽管陈其美宣布上海独立，并屡次进攻江南制造总局，但终究因为不是正规军而一再战败。等到袁世凯用军舰将大批的北洋军运来后，上海的讨袁军也就风吹云散，完全瓦解。

安徽的独立，从一开始就是假独立。柏文蔚虽然是名义上的安徽讨袁军总司令，但军队实际上由师长胡万泰和民政长孙多森所控制。等到北洋军的倪嗣冲部及张镇芳部大兵压境，安徽那些搞假独立的人也就立刻撕下伪装，宣布拥袁，这就是柏文蔚率卫队等前往南京的原因了。

至于福建，都督孙道仁本就是在师长许崇智等人的胁迫下宣布独立的。当许崇智提议出兵援赣及北伐时，孙道仁总以饷械缺乏为由加以拒绝。等到大局明朗，孙道仁自然发出通电，向袁世凯陈述“冤情”，宣布取消独立。

在广东，袁世凯的手法也非常成功，他不仅安排了龙济光和陆荣廷两枚楔子迫使广东讨袁力量无可动弹，还用金钱收买广东的将领，使得胡汉民和陈炯明失去对军队的控制。无奈之下，陈炯明特意派人去上海请专门与袁世凯作对的前清官僚岑春煊来广东，试图利用他之前与龙济光、陆荣廷的部属关系缓和局面。但岑春煊这个老领导在龙、陆面前已经过气，这两人非但不听岑春煊的劝告，反而进兵广东，最后将陈炯明逼走。

湖南的情况和福建差不多，也是阳奉阴违、见风使舵。在江西和南京的讨袁军失败后，湖南都督谭延闿迅速宣布取消独立，但是同时又派人将黄兴的继母易氏和廖夫人等护送至上海。袁世凯对湖南并不放心，他随后派出北洋军曹锟等部进入湖南，最后由海军中将汤芗铭接任湖南都督。

至于四川方面，熊克武在8月9日宣告独立，一个月后便自己宣布解职下野，取消了独立。

各地的讨袁军相继失败后，袁世凯指斥黄兴、陈其美、钮永建、何海鸣、岑春煊五人为这次“战乱”的一等通缉犯，其余如孙中山、张继、李烈钧、柏文蔚、谭人凤、陈炯明等人也在通缉之列。在此前后，通过友人的帮助，除了在美求学的长子长女外，黄兴的其他家人也先后逃出袁世凯的魔爪，被迫流亡日本。

1913 年国会“选举”袁世凯为中华民国第一任正式大总统。此后逐渐完全暴露出野心的袁世凯下令解散国民党，并驱逐国会内的国民党籍议员。国会由于人数不足而无法运作，不久即被解散。1915 年，在以筹安会为代表的社会各界“主动劝进”的声音中，袁世凯宣布改国号为中华帝国，自导自演，自行称帝。

国民党联合资产阶级，没有兵权，政治基础不牢，武装力量薄弱，是“二次革命”失败原因之一。“二次革命”的领导者没有发动广大人民群众参加；仓促上阵的讨袁军，缺乏战略计划和统一指挥，缺乏战略协同，他们孤军奋战，甚至连多数国民党籍议员都还留在北京恋栈议席，这些也是失败的重要原因。

此外，亦有观点认为辛亥革命后全国民主气氛浓厚，“宋教仁案”仍有通过法律渠道解决的可能，国民党急于讨回公道而诉诸武力，摧毁了辛亥革命后建立的资产阶级代议制民主政体。

三、相聚美洲

“二次革命”失败后，黄兴与孙中山相继逃亡日本。在总结失败经验时，孙中山认为，“非袁氏兵力之强，实同党人心之涣散”，决心要建立一个“统一事权、服从命令”以形成战斗力的中华革命党：

> 凡入党各员，必自问甘愿服从文一人，毫无疑虑而后可。若口是心非，神离貌合之辈，则宁从割爱，断不勉强。务以多得一党员，即多一员之用，无取浮滥，以免良莠不齐。

孙中山提出，加入中华革命党的成员，无分新老，一律要宣誓“附从孙先生……如有二心，甘受极刑”，并在誓约上盖上手印；而且要按入党先后，把党员分为首义党员、协助党员、普通党员三等。“革命成功之日，首义党员悉隶为元勋公民，得一切参政、执政之优先权利；协助党员得隶为有功公民，能得选举及被选举权利；普通党员得隶为先进公民，享有选举权利”。

黄兴则认为，“二次革命”失败有深刻原因，因而复信孙中山提出自己的应对之策：

> 此次乃正义为金钱、权力一时所摧毁，非真正之失败。试翻中外之历史，推天演之公例，未有正义不伸者，是最后之胜利，终归之吾党。今吾党既握有此胜算，若从根本上做去，本吾党素来所抱之主义发挥而光大之，不为小暴动以求急功，不作不近情言以骇流俗，披心剖腹，将前之所是者是之，非者非之，尽披露于国民之前，庶吾党之信用渐次可以恢复。又宜宽宏其量，受壤纳流，使异党之有爱国心者有所归向，夫然后合吾党坚毅不拔之士，学识优秀之才，历百变而不渝者，组织干部，计画久远，分

道进行，事有不统一者，未之有也。若徒以人为治，慕袁氏之所为，窃恐功未成而人已攻其后，况更以权利相号召者乎？

孙、黄之间的分歧，虽经坦率交换意见，但双方态度都很坚决，一时无法弥合，政见分歧最后发展到组织上的暂时分手。1914 年 5 月 29 日，中华革命党即将成立前夕，孙中山向黄兴提出，希望黄兴“能静养两年”，由他独办“第三次革命”，“过此犹不成，兄可继续出而任事，弟当让兄独办”，“此时弟决意一到战场，以遂平生之志，以试平生之学”。

孙中山手书相赠的对联
“安危他日终须仗，甘苦来时要共尝”

经过慎重考虑，黄兴决定以革命大局为重，搁置争论。他一方面表示：“革命原求政治之改良，此乃个人之天职，非为一公司之权利可相让渡、可能包办者比，以后请先生勿以此相要。弟如有机会，当尽我责任为之，可断言与先生之进行决无妨碍。”另一方面，“为避免党内纠纷，决计到美游历”。

黄兴赴美前夕，还在寓所特备酒席，“恭请中山先生叙别（不谈国事）”。孙中山也表现依依惜别之情，集古句书联相赠：“安危他日终须仗，甘苦来时要共尝。”并先行电告美洲同志，妥善照顾黄兴起居。

1914 年 6 月 30 日，黄兴乘坐日本“登岳”号轮船自横滨启航赴美。轮船航行在太平洋上，黄兴站在船头，望着海阔天空、一望无际的大海，联想自己当前的处境，不免感慨颇多。他想自己从小喝长江水长大，后来为革命奔走四方，至这时已经历了 40 个春秋，不仅革命没有成功，而且自己一心护党，反遭误会。想到这些，不禁感到茫然，随即赋诗一首：

口吞三峡水，足蹈万方云。
茫茫天地阔，何处着吾身。

黄兴到达檀香山时，当地华侨为他举行了盛大的欢迎会。黄兴登陆之后在岛上逗留半日，并在自由戏院对侨胞发表演说，申明讨伐袁世凯的意义，指出自己与袁世凯之间并非私人恩怨，而是政治上的敌人。他还接受美国《太平洋商务报》记者采访，表示：“我们将奋斗到底，使中国成为一个实至名归的共和国，让人民享有和美国公民同样充分的自由。”他说明此行的目的不是筹款革命，而是要让世人了解中国目前的真实情况。

7 月 15 日，黄兴抵达美国西海岸旧金山。抵达之前，袁世凯曾电请美国政府加以拦阻，不要让黄兴登上美国领土。但美国朝野上下都同情中国革命，非但对袁世凯的要求置之不理，而且美国总统还亲自用电报和公文通知海关官员，命令他们优待黄兴并加以保护。因此黄兴一行上岸时受到特别优待，仅要求每人交上一张照片备案存档，接下来其他环节一律通行无阻。

黄兴登岸时，一千多人齐集码头热烈欢迎，从港口到住宿的地方，有三十多辆车自发一路追随和护送。为了防备袁世凯的爪牙暗害，一百多名国民党党员暗藏武器在沿途警戒。黄兴的大女儿黄振华也从美国东部专程赶来迎接。

《旧金山纪事报》第二天详细报道当时欢迎的盛况：“由于进行推翻袁世凯的活动，而被袁世凯悬赏通缉的中华民国五

黄兴抵美时与前来码头迎候的华侨、友人合影（局部）。
前排居中持白色礼帽者为黄兴，黄振华立于其右

位领袖人物，由黄兴将军率领，于昨日抵达。黄将军的到来，激起了本埠华侨社会的欢迎热潮与强烈反对袁世凯的热情。”

在旧金山逗留的日子里，黄兴连日由各界人士设宴招待，每次均聚集数百人。黄兴应邀出席宴会，并多次发表演说，揭露袁世凯的帝制野心和种种欺诈伎俩。听者异常欢慰，几个小时毫无倦色。

曾有《旧金山检查者报》记者来访，问及袁世凯以十万元悬赏缉拿时，黄兴诙谐地回答：“我想袁大总统永远不必支付这笔赏金。新中国的民众正在觉醒中，我们将经历一段危机，但帝制最后终将被推翻。”

当时，黄一欧和妹妹黄振华都在哥伦比亚大学学习。因为正值考试期间，黄一欧谨记父亲教导，以学业为重，便让还是旁听生的妹妹到旧金山迎接。直到放假之后，他才陪着黄兴参加各种活动。

黄一欧（左一）、黄振华（左二）、李兴亚与黄兴合影于美国

黄一欧如此潜心力学，却因经费问题而在不久后被迫中断学业。黄一欧和黄振华本来是湖南军政府派出的公费留学生。“二次革命”失败后，湖南政局发生变化，

取消了黄氏兄妹的公费留学生资格。

黄兴此时的个人财产就是多年收藏的字画古玩，大部分存放在上海。赴美前夕，黄兴托人将这些东西连同其他行李装成八大箱带往日本，结果被上海海关扣留，费了很大的周折才转运到日本东京，1915 年秋才由黄一欧从日本带到美国。此时黄兴随身所带的字画不多，全家十来口人和身边工作人员的生活费用，还有对战友的捐助，都是通过借款和后来拍卖这些字画加以解决的。因此，早在此行赴美之前，考虑到经费困难将存在较长一段时期，黄兴就已经计划将黄一欧等人转往日本学习。这样，1914 年冬，黄一欧和黄振华只好中断学业，从美国移居日本。

黄一欧理解父亲的难处，离开美国时没有申领回头护照，也就是在近期内不准备返回美国。然而，没过多久，黄兴病重的消息传来。徐宗汉得信后心急如焚，要求黄一欧立即陪同她前往美国一同照顾黄兴。得知黄一欧为护照之事发愁，日本著名法学家渡边博十仗义出手，委托其美国籍夫人以黄一欧将回哥伦比亚大学复学为名，帮助解决了护照问题。

几经周折，黄一欧匆匆带着徐宗汉和弟弟黄一美（与黄一球同为徐宗汉所生）一同赶往美国。这时，黄兴身边的工作人员都已经分赴各地从事反袁活动，留下来照顾黄兴的只有两名翻译——徐申伯和唐月池。家人的到来，使黄兴大为欣慰，病情立即好转了很多。

黄一欧的到来还使黄兴多了一个了解时局的助手和讨论时局的对象。当时正值第一次世界大战期间，父子俩除了分析国内局势外，这场大战也是他们讨论的一个重要话题。

黄兴在旧金山停留时，西方资本主义世界中，美国的中国侨民侨团最多；而在美国，又数旧金山的中国侨民侨团最多；在旧金山，黄氏侨民最多，黄氏宗亲总会在侨团中势力最大。当地最大的华人组织是中华总会馆，总会馆下属的团体中，又以宁阳总会馆势力最强。

宁阳是广东台山的旧称，曾任美国驻中国大使、商务部部长、华盛顿州州长的骆家辉，旧金山市长李孟贤原籍均为台山，台山人在美国西部实力最大。宁阳总会馆是姓氏宗亲会的联合体，总会馆以商董为基础，由 26 个姓氏的侨民组成，即黄、李、朱、邝、陈、刘、雷、伍等。黄氏宗亲总会当时是宁阳总会馆下属最大的宗亲总会，成立迄今已有 160 年，在美国各大城市有 22 个分会，会员数以万计。

当时的中华总会馆受中国总领事馆控制，孙中山和黄兴均被当权的政府视为敌人。辛亥革命之前，孙中山来旧金山，由于到处有清政府的爪牙监视，不但不能进中华总会馆，还要防范中国总领事馆的明枪暗箭。此时黄兴来旧金山，革命党人前仆后继浴血牺牲换来的革命果实被袁世凯篡夺，黄兴的名字和头像依然像晚清时候一样印在中国官方的通缉公告上，只是赏金比过去提高了许多倍。黄氏宗亲总会作为中华总会馆的台柱，一方面注意顾及中国政府的面子，没有邀请黄兴访问中华总会馆；另一方面又隆重欢迎黄兴来黄氏宗亲总会。这典型反映了黄氏宗亲总会“强宗”的一面。

那天艳阳高照，在长子黄一欧陪同下，黄兴与随员乘坐马车，来到黄氏宗亲总会大门口。总会黄会长早已率领全体工作人员，敲锣打鼓，列队在大门外等候。对于黄兴这位黄氏宗亲中的佼佼者，对方早有耳闻，为黄氏宗亲中能有这样的精英而骄傲。特别是对黄兴在辛亥革命中累败累战、始终坚持不懈的精神十分佩服，认为那才是血性男儿应该具有的品德。

黄会长安排了丰盛的酒菜，款待远道而来的宗亲，宾主之间气氛非常融洽。所有黄氏宗亲，都为能一睹黄兴的风采而兴高采烈，纷纷向黄兴敬酒。黄兴在举杯之际，仍不忘向其他宗亲宣传反袁斗争的意义。

谁知在大厅就坐的成员中，还有个叫黄三德的台山人，不但是黄氏宗亲会的知名会员，还是当地洪门致公堂的堂主。他15岁移民旧金山，拜当地颇有名气的华人武术家为师，练就一身过硬的好武艺，成为当地华人中的武林高手。

黄三德不仅在侨民中影响很大，而且和流亡海外的孙中山也是很好的朋友。在辛亥革命过程中，他极力支持和帮助孙中山，为海外华人有目共睹的至少有三大贡献。

第一，救过孙中山的命。1904年孙中山赴美，由檀香山乘船到达旧金山。登岸后，因保皇会党徒和清廷驻旧金山领事告密诋毁，美国海关当局以“中国乱党”的罪名拘禁了孙中山，不许与外人见面，准备用原船将孙中山送回檀香山，再遣返回国。

黄三德得知后，马上东奔西跑，到处找关系营救，最后，他以自己的名义拿出500美元做保证金，把孙中山保释出来，又花5000美元聘请檀香山最著名的律师为孙中山打官司，最后打到华盛顿最高法院。经过历时17天的审判，终于获得胜诉，孙中山安然脱险，顺利入境。

第二，帮助孙中山大造革命舆论。为在美洲更有效地宣传革命主张，与保皇会展开斗争，黄三德果断接受孙中山关于改组致公堂机关报《大同日报》的意见，撤换了长期控制这家报纸的保皇会倾向的主笔，推举同盟会会员刘成禹继任。

黄三德还多次亲自陪同孙中山到全美各埠发表演说，每到一处，必先介绍孙中山与各埠的华侨领袖相识，以扩大革命影响。美洲另一华侨组织安良堂的侨胞领袖司徒美堂，就是黄三德介绍孙中山认识的，从此，司徒美堂也成为孙中山的忠实追随者。

第三，多次为同盟会武装起义筹款支持。黄三德曾毅然抵押甚至变卖美国致公堂的会馆，以筹款支持孙中山的革命活动。在他的影响之下，加拿大温哥华、维多利亚、多伦多等埠的分堂楼宇也被变卖或抵押，使孙中山得到数十万美元的活动经费。

“二次革命”前后，黄三德在美国听到许多风言风语，耳朵中灌满了孙、黄之间的种种矛盾，还有各种挑拨离间的话。于是这个直性的汉子有些不满意了，因为他和孙中山是生死之交，听不得任何与孙中山不同的意见，所以今天有意趁此机会，向黄兴问个究竟。

三杯酒下肚之后，黄三德端起酒杯，来到黄兴面前敬酒。他首先表明，一笔写不出两个“黄”字，虽然不在同一族谱，但都是黄氏宗亲，完全有理由尊称黄兴为大哥。见此情形，黄会长连忙起身介绍，对黄兴说出对方的身份和姓名。

黄兴对于黄三德这名字原本有些印象，知道是曾经倾力资助过辛亥革命的爱国侨胞，连忙站起身来回答："愚兄痴长几岁，就只好愧领了。"

"以往在美国侨胞的心目中，始终有孙、黄联盟的概念。过去辛亥革命，能够推翻满清王朝，也应该是孙、黄联盟的功绩。其中黄大哥功不可没。"黄三德口中称赞黄兴，说得非常客气，可言语之中，还包含着另一层意思，即是你黄兴功劳再大，还能大过孙总理？

黄兴微微一笑，连称对方过奖了，说：其实辛亥革命推翻清王朝，主要是孙总理领导有方，加上同盟会全体同志和其他革命组织共同努力，本人有何能德，不过是略尽绵薄之力，协助总理办一些具体事宜。

黄兴以惯有的谦虚回应对方，其实他讲的均属真心话。历史已经证明，孙中山这么多年的伟大理想，几乎都是由黄兴具体实行，大家都有目共睹，只是黄兴本人一贯甘居配角的位置。

黄三德快人快语，稍稍寒暄两句，马上开门见山，将话题扯到孙、黄两人的关系上，说："听说最近以来，您与孙先生之间有些不愉快的事，有人说您不承认孙先生的领导地位，还有人说您要另行组党，与孙先生的中华革命党分庭抗礼，不知可有此事？"

听到这里，黄兴马上有所警觉，因为自从踏上美国领土，已经碰到不少人都提过这样的问题。提问者的态度有善意也有恶意，但有一相同之点，就是大家都为此十分惋惜和担心。于是黄兴立即答道：请放心，"二次革命"以来，本人和孙总理之间，的确发生了一些不愉快的事，不过那都是因为政见不同，我根本没有其他意思。如今就中国而言，党只有国民党，领袖唯有孙中山，其他不知也！

黄兴放下酒杯，然后坦坦荡荡地继续回答："其实从当年在风乐园认识总理那天开始，我就认定这一生坚持扶助总理。我和总理之间，也一直保持着深厚的私人感情。这次来美国，还深蒙总理多方照顾，一路所到之处，总理都写信预先安排。孙科还为我担任粤语翻译，使我受益不少。"

黄兴的坦荡爽朗让黄三德疑虑全消，于是他回归自己的座位，将话题转到自己最感兴趣的地方。黄兴自幼学习巫家拳，多年习武，留学日本时曾与日本柔术高手嘉纳治五郎切磋过一次武术，后者并没有占着便宜。这也留下一段佳话，给留学生和日本人如宫崎寅藏等留下了深刻印象。黄三德论武术在旧金山堪称数一数二，所以很快又提出想与黄兴当场比试比试。

此时的黄兴已经不是容易冲动的年轻人，在这样的场合当然绝对不会与别人动手，于是谦虚地说当年在日本与嘉纳先生比武，实在是少年气盛，不知天高地厚，那都是十几年前的旧事，何足道哉。

黄三德见黄兴一再推辞，以为对方徒有虚名，更是咄咄逼人，一定要较量较量，同时又询问黄兴的武学渊源，师从什么流派。黄兴只好据实回答，不想一言既出，场面氛围顿时转变。黄三德脸上显得异常惊异，原来他当年拜的师傅，正是巫家拳的门人。两人再一细谈，果然还真是一个门派，论辈分还是师兄师弟。

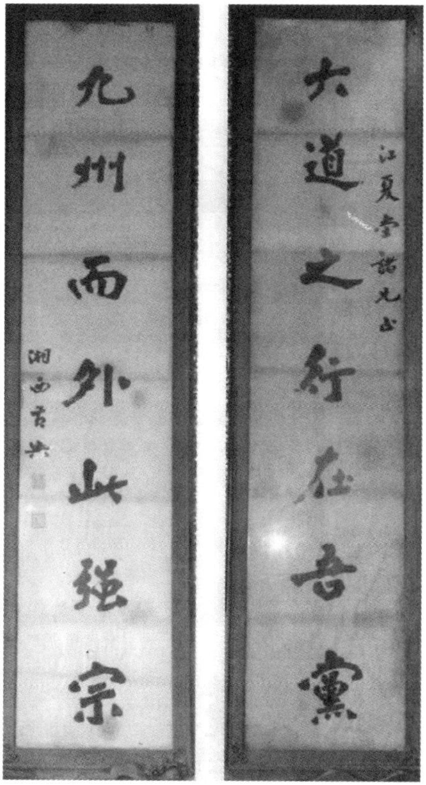

黄兴手书“大道之行在吾党，
九州而外此强宗”

如此一来，双方的关系更加亲近。黄会长赶紧吩咐重新加菜上酒，祝贺巫家拳的师兄弟相逢。黄氏宗亲总会的气氛，顿时变得更加热烈融和。

大家正在酒桌上畅谈，黄氏宗亲总会的老管家突然从里屋出来，凑到黄会长身旁，附在他耳边轻轻嘀咕了几句。会长听了老管家的话后恍然大悟，然后放下酒杯站起身来，恭恭敬敬对黄兴说：“久闻黄大英雄的书法为海内外一绝，今日光临，实不可不留下墨宝，以壮黄氏宗亲会的声威。”说完之后，也不待黄兴表态，连忙吩咐准备文房四宝。老管家早已在窗户旁边的书桌上铺下大张宣纸。

如此一来，黄兴想拒绝也不好意思，加上又有几分酒兴，于是站起身来走到桌子旁边，略一思索，然后提起特大号的排笔，在一丈长的宣纸上写下两行大字：

大道之行在吾党，

九州而外此强宗。

这副对联虽然只有短短的14个字，但其中包含了许多意思。

前文已经提到黄兴为什么从中国来到美国，因此上联中的“大道之行在吾党”就不难理解。黄兴向爱国华侨宣传孙中山的三民主义思想，揭露袁世凯实行帝制的阴谋，一如既往地积极为革命鼓与呼。虽然“二次革命”失败后蒙受了诸多误会甚至指责，虽然拒绝加入中华革命党，但黄兴认为他与孙中山等战友仍是国民党的同志，他和孙中山等为之战斗的事业是“大道之行”的伟大事业。

下联“九州而外此强宗”，“强宗”指的自然是黄氏宗族。为什么黄兴把黄氏称为中国境外的“强宗”呢？前文已经提到，从当时美国的侨民人数、侨团情况来看，黄氏侨民最多，黄氏侨团实力最强，黄氏宗亲总会在侨团中影响最大，对辛亥革命的支持力度最大，因而黄氏是名副其实的“强宗”。

美国华侨对辛亥革命的贡献很大，而其中以黄氏贡献为最。这是黄兴说黄氏是“九州而外此强宗”的最基本含义，也说明了黄兴为什么特意拜访黄氏宗亲总会，为什么亲笔书写对联致谢相赠。

令人欣慰的是，自从1914年黄兴拜访黄氏宗亲总会以来，100多年过去了，黄氏宗亲总会章程始终不改，爱国立场仍然不改，保持了“强宗”的特性和传统。虽然总会历经风云更换了不少主事者，但黄兴书写的这副对联始终完好保存在总会驻地大厅的玻璃镜框内，尽管纸张有点发黄，字迹却依然浓黑，似乎在述说当年的盛况。

四、蔡锷的长信

1915年9月底，一直同黄兴保持联络的蔡锷从国内派专人送来一封长达17页的密信给黄兴，意在商讨反袁的具体计划。

蔡锷原任云南都督，1913年10月被袁世凯调至北京出任全国经界局督办、参政院参政等职，加以笼络与监视。蔡锷一方面领导经界局工作，规划全国田亩田赋事务，另一方面热心于军事学术活动。他与蒋方震、阎锡山等11人组织军事研究会，深入研究各种军事学术问题。其间，他不断上书袁世凯，为国防建设和军队建设献计献策，倾诉他希望建设一支强大武装力量的强烈愿望。

蔡锷

然而，野心勃勃的袁世凯不仅对蔡锷改革军事的热望不予理睬，反而倒行逆施，疯狂地进行军事独裁和复辟帝制活动。自

1912年成为中华民国临时大总统后，袁世凯政治野心不断膨胀。他残酷镇压资产阶级革命党人，打击民主共和力量，同时篡改宪法，破坏责任内阁制，强化集权统治，朝着复辟帝制的道路疾进。

最初，蔡锷对袁世凯抱有幻想，认为他“宏才伟略，群望所归”。但是，1915年5月25日袁世凯与日本帝国主义秘密签订卖国的“二十一条”，深深刺痛了蔡锷的爱国之心，使他进一步看清了袁世凯的反动面目。8月，在袁世凯的授意下，北京出现了一个打着“筹一国之治安”旗号的筹安会，公然为复辟帝制制造舆论。接着，各类联合会、请愿团也纷纷粉墨登场，为帝制大唱赞歌。12月，袁世凯完成了复辟帝制的准备，于12日宣布接受“劝进”，下令取消中华民国，改为中华帝国，定于1916年登基并改用洪宪年号。

袁世凯复辟帝制的行径，使蔡锷气愤已极，他决心以武力“为我国民争回一人格”。于是他表面上装出不关心政治的样子，常去北京八大胡同与名妓小凤仙厮混，以蒙蔽袁世凯，暗中却多次潜赴天津与梁启超等人商量讨袁计划。这次他写信与黄兴商量，介绍了自己初步拟订的赴云南发动武装起义的战略设想，大意是：云南于袁氏下令称帝后即独立，贵州则越一月后响应，广西则越两月后响应，然后以云贵之力下四川，以广西之力下广东，约三四个月后，可以会师湖北，底定中原。这是个符合当时客观实际但也颇具胆识的战略构想。

黄兴看信以后，经过仔细分析研究，断定袁世凯即将称帝，讨袁的时机已经成熟。于是他一面在美积极筹款，准备做经济上的支援；一面派长子黄一欧立即动身去日本，以便与各方保持更密切的联系。临行，他要黄一欧带去两封信：一封致孙中山，谈到袁氏即将称帝，“如有所命，极愿效力”；另一封交身在东京的张孝准，要张氏立即设法回国与蔡锷秘密取得联系，相机给予帮助。

张孝准

张孝准是黄兴在军务方面的主要助手，也是蔡锷在日本陆军士官学校的同学，与蔡锷、蒋百里并称“中国士官三杰”。黄兴十分欣赏他的才干，曾书联相赠，其联写道：“惟有真才能血性，须从本色见英雄。”

张孝准收到黄兴指示后立即行动起来，从日本回国后在天津与蔡锷秘密会见，制订了蔡锷离京返滇的全面计划，然后返日与石陶钧、杨源睿、黄一欧等人组织接应工作。不久，蔡锷乔装打扮，深夜上了一艘停靠在天津的日本运煤船，在家人也不知道的情况下迅速逃出了国门。

到达日本神户后，蔡锷将随身所带的重要文件、勋章交与张孝准保管，又写了数封落款日期不同的致北京各位高级军官的信，让张孝准每到日本一地，就寄发一封，表示蔡锷仍在日本各地游历。蔡锷到达日本的当晚，又登上另一艘前往中国的

黄兴手书对联“惟有真才能血性，须从本色见英雄”

日本轮船，经过上海南下香港，转海防直奔云南，于12月19日抵达昆明。

这招金蝉脱壳之计安排周密，以致蔡锷到达云南好多日后，袁世凯的高级将领还在汇报蔡锷现在在日本某处游历。蔡锷能顺利进入云南，也是得力于事先“黄克强所极力疏通。蔡在滇声望甚高，唐继尧敬而惮之；蔡不敢轻入，克强在美，设机关于日本马关，为美国、北京、昆明三处转信，筹商一切，向唐疏通；蔡只借滇军讨袁，不为都督不留滇，到即率兵出发。蔡逃出京至马关即转沪，停半小时南下，随行者仅参谋长石醉六陶钧一人也”（毛注青编《黄兴年谱》）。

黄兴为了争取护国运动的胜利，还对斗争策略做了精心的考虑。他致信张孝准，指示：“一、发难须急，缓则狡猿用他种手段，去其反对之势力后更难着手。一、发难不必择地，即印兄（李根源）所主张之滇、粤均可……”黄兴的这些指示，对于促进护国运动的及时发动是有指导作用的。

在民主革命志士云集的云南军队中，从8月中旬筹安会成立时起，中下级军官就积极活动，酝酿发动讨袁起义。1915年9月11日以后，以唐继尧为首的团以上军官，又多次举行秘密会议，确立了护国讨袁的战略决策，并着手进行战争准备工作。蔡锷抵达昆明后，蔡锷、唐继尧等人于12月25日宣布云南独立，组织护国军，发动护国战争。

蔡锷任护国军第一军总司令，唐继尧为云南军政府都督，组成护国军三个军，分别从四川、湘西和广西三个方向出师讨袁。蔡锷率四个团（旅）约8000人入川，拟对川边敌军突然袭击，出奇制胜，夺占叙州（今宜宾）、泸州诸要地，再北攻成都，东取重庆，尔后挥师东下，会师武汉。蔡锷亲临前线指挥作战，以数千滇军，与八倍于己的北洋军进行反复交战，特别是3月中旬的纳溪之役，歼敌三四千人，打得敌人闻风丧胆。

黄兴为了配合护国战争，运用自己的地位与影响，展开了多方面的活动。《黄兴集》中记载，他于1915年12月14日致电美国驻华公使，表示“断不能坐视袁氏任意复行帝制”。一旦袁氏称帝，“吾定返中国，再执干戈，随革命军同事疆场，竭尽吾最后之气力，驱逐国贼，另举贤能，保全国民，使吾人得共享自由共和政体之益”。

12月18日，在致国内友人书中，黄兴谈了他近期的活动计划：

> 关于此间筹款等事，弟能力所及者，当尽力图之，冀为公等之助。华侨筹款已经发起，当嘱其随集随汇。弟已电致北京外交团，表示人民反对帝制到底之意；北京、上海两家西报，亦同时分电。现拟有一书，分致某政府及议会并各实业家，恳其好意扶助吾国之共和。

过了三天，黄兴又致书赵凤昌、张謇、汤寿潜、伍廷芳、唐绍仪、庄蕴宽等社会名流，指出“贤者不出，大难终不可平，国之存亡，系于今日”，呼吁他们支持护国战争。22日，又致书广西陆荣廷，希望他“节丧明之痛，兴讨贼之师”。26日，又以读者投书形式，在《费城新闻》报上发表《辨奸论》（英文），精辟分析了袁氏称帝的野心，驳斥了为君主专制辩护的种种谬论，代表中国人民请求美国当局给护国运动以“道义上之协助”。黄兴的各项活动，是对蔡锷在国内直接指挥的护国战争的有力声援和支持。

全国同声讨袁，袁世凯众叛亲离，不得不于1916年3月22日宣布取消帝制、恢复民国，仍称大总统。第二天，又以黎元洪、徐世昌、段祺瑞名义致电蔡锷等人请求停战，商议善后办法。面对袁氏的新花招，是反袁到底，还是与袁妥协，事关国家前途。这时黄兴和蔡锷对袁氏的诡计已有清楚的认识，因此不约而同都主张把反袁斗争进行到底。

蔡锷在3月31日致梁启超电文中说：“现袁逆以兵事失败，外交逼紧，财政困穷，人心鼎沸，不得已而取消帝制，以为目前和缓人心，将来复可卷土重来之计。吾侪亟宜趁此时联络各省，迫袁退位，照《约法》以副总统摄职，仍召集国会行正式选举。”

黄兴在4月15日致唐绍仪、伍廷芳、张謇、温宗尧、梁启超、汤化龙、谭延闿、钮永建、柏文蔚、范源濂等人的电文中亦说：“不去袁逆，国难无已，望力阻调停，免贻后累。”因孙中山、蔡锷多次电催，黄兴又由美抵日，以更方便地为国内反袁斗争筹款购买军械。

刚抵达日本，黄兴即发表《促袁世凯退位声明电》，指出“人民既一再以剑、血拥护共和，断不肯复戴一背畔共和、主张帝政之元恶为总统”。12日在《致全国各界讨袁通电》中他又强调：“元凶势穷，意仍负固，不除祸本，终是养痈，痛苦已深，何堪再误?”号召全国协力同心，将反袁斗争进行到底。

由于黄、蔡为代表的革命派同心讨袁，立场坚定，袁世凯阴谋再也无法得逞，6月6日，他在惊惧之中病亡。

五、云暗三湘

黄一欧是护国讨袁运动中的重要联络人。

护国运动伊始，黄一欧即由黄兴自美国派往日本设联络站，与张孝准等人密切联络，协调各类事务安排。作为黄兴的重要联络员，他等候在日本神户与蔡锷相会，向蔡锷汇报了东京方面的情况及有关方面的行动计划。

反袁运动中，黄一欧从事的另一项重要工作就是关注日本的外交动态。黄兴在致张孝准的信中明确指示："日本近日真意如何，能探得否？可要黄一欧探问宫崎。"根据父亲的指示，黄一欧通过宫崎寅藏等人的关系多次拜访日本外务省亚洲局局长藤田，反复交流后获得了日本暗中支持反袁运动的承诺。其后又由黄兴担保（张孝准代表黄兴签字），日方出借200万日元给云南方面做反袁军费。

最关键的是，黄一欧对促进反袁各派实现大联合起了极其重要的作用。当时反袁阵营情况复杂，辛亥革命时期和民国初期形成了各种派系，如立宪派与革命派、国民党与进步党、中华革命党与欧事研究会，还有地方实力派中的不同利益群体，他们之间的历史恩怨、意见分歧和利害关系，对反袁斗争干扰颇大。在这种背景下，与各方关系良好的黄兴和黄一欧对促进反袁各派实现大联合发挥了极其重要的作用。

例如，唐继尧唯恐蔡锷回云南夺去他的都督职务，黄兴就亲笔致信化解误会，并派李烈钧、熊克武当面解释，还带了一百箱现洋到云南做军费，从而推动唐继尧放下顾虑并成为护国运动中的主要领袖人物之一。

对于以梁启超为首的进步党，黄兴及欧事研究会在进步党公开表示反对帝制后便采取了积极合作的态度，从而使两派在护国运动的高潮中实现了亲密合作。

要实现反袁势力大联合，有很多具体细致的工作要做。黄一欧作为黄兴的代表，承担了相当重要的责任，其中至关紧要的是协调孙中山及中华革命党与各派的关系。

由于双方的策略方针和办事风格有很大的不同，蔡锷领导的云南起义事前没有告知孙中山，事发后也没有及时向孙中山通报。因此，当云南起义爆发后，孙中山在接受日本记者采访时说："云南事件并非民党发动，与彼等无关。"张孝准见报后十分担忧，认为这会严重影响国际社会对云南起义的看法，便托黄一欧去与孙中山商谈交流。

黄一欧十分赞同张孝准的观点，立即行动起来。他前往孙中山位于东京的寓所，恭恭敬敬地打招呼，向孙中山汇报了云南起义的有关情况，并委婉地指出："先生对日本报界发表这样的谈话，很容易引起外间的误解，产生不良影响。"

孙中山沉默不语，一时气氛有些紧张。黄一欧见此，心领神会，立即转移话题，才使气氛缓和下来。从此，孙中山及中华革命党方面再也没有发表过不利于云南起义及各省独立反袁的言论。

此后，身在日本的黄一欧多次谒见孙中山，保持交流沟通，并为其传递各种信息。1916 年 5 月，孙中山公开通电赞同反袁独立省份提出的"不分党派、省派"联合讨袁的主张，并通知田桐、居正、朱执信等中华革命党领导人，"一切事宜务求与讨袁各派协同进行"，与各派一样悬挂五色旗，从而实现了反袁护国运动中各主要派别的大联合。

袁世凯被迫宣布取消帝制后，黄兴决定回国，黄一欧根据父亲的指示，先行到上海做准备。在沪期间，黄一欧曾代表黄兴前往码头迎接由川至沪治病的蔡锷。

袁世凯死后，黎元洪就任大总统。黎元洪曾任命黄一欧为总统府少将侍卫武官，但黄兴严嘱黄一欧不要受任也不要理会。黄一欧自己也不想卷入政治风波之中，但特殊的家世背景与社会关系使他很难完全脱离政治活动。

从此之后，原本一心要在美国哥伦比亚大学刻苦学习的黄一欧重回中国民主革命的大熔炉，逐渐锻炼成为一个政治活动家。

虽然对自己未能完成在哥伦比亚大学的学业没有公开表示什么态度，但黄一欧后来在回忆录中特别提到，与他同批去美国留学的任鸿隽、杨杏佛等后来成为著名学者，并发起组织中国科学社，为新文化运动期间科学思潮的兴起和民国时期中国科学事业的发展做出了重大贡献。由此看来，黄一欧对自己未能完成在哥伦比亚大学的学业还是深以为憾的。也许是这个原因，黄一欧特别希望没有机会读大学，更没有机会留学的子女能有机会读大学和留学。

然而，就当护国战争取得胜利，更多建设蓝图等着描绘、更多革命理想等待实现的关键时刻，三个月前才从日本返国、住在上海福开森路 393 号公馆（今上海市徐汇区武康路）的黄兴，因日理万机、胃疾复发，于 1916 年 10 月 31 日在这里走完了人生的最后一程。

根据民国政府的决议，1917 年 4 月 15 日 15 时，黄兴的灵榇用红、黄、蓝、白、黑五色布包裹，以国葬礼仪入葬岳麓山。灵榇所经之处人山人海，家乡人民流着眼泪送别了他。

葬礼结束三天后，黄一欧夫妇同登岳麓山，在漫山盛开、红艳如血的杜鹃花衬托下，将日本友人久原房之助送的一把古刀，武昌首义时黄兴任战时总司令佩挂的指挥刀、他生前用过的几支毛笔，以及光复南京黄一欧率队攻克天堡城一战中保留的一枚炮弹筒送入黄兴墓内，然后将墓门封闭，含泪拜别了父亲。

相关链接

黄振华与美国黄兴基金会

黄振华 1896 年 11 月 4 日出生，先后求学于上海的中西女校（宋庆龄三姐妹也曾就读于此）、南京的体育专科学校，此后两次赴美留学，分别在麻省理工学院、哥伦比亚大学获得理学学士和文学硕士学位。她留学期间，黄兴书写“无我”“学而时习之”“遁世只为避俗，良知要在能行”等语赠勉女儿。

黄振华也没有辜负父亲的期望。她弘扬黄兴“立国之基本，以振兴教育为急务”的思想，学成归国后终生积极从事教育事业，在大陆和台湾长期担任师范院校教职及教育行政管理工作。她的丈夫陈维伦同样从事教育事业，曾担任台湾师范大学教授、淡江大学文学院院长。

晚年的黄振华联合小妹黄德华、薛君度夫妇发起成立美国黄兴基金会，以薛君度为基金会董事长，旨在支持中国大陆教育事业、促进国内外学术交流。她向基金会捐赠的财产数额虽然未见正式公布，但仅她卖掉以筹资的台北两处住宅当时就价值 300 万美元。她还在台湾成立“克强奖学基金”慷慨资助学子，自己生活中极尽节俭，虽然无儿无女，但 92 岁高龄离开台湾时还没有请过保姆。1989 年，黄振华返回大陆，定居江苏苏州，1992 年 12 月 21 日病逝。

中国士官三杰

在二战日本战败前，日本陆军士官学校与海军兵学校、东京第一高等学校并称日本培养军官的三大名校。这所学校在为日本本国输送军事人才的同时，也培养出了多位知名的中国将校。

日本陆军士官学校培养的众多中国留学生中，蒋方震、蔡锷、张孝准三位因为表现特别优异，被全校师生誉为“中国士官三杰”。

1904 年，日本陆军士官学校第九期步兵科毕业生有日本人三百余人，中国留学生四名，泰国等国留学生若干名，毕业时由日本伏见宫亲王来校颁发毕业证书并奖励优秀学员。毕业典礼大会上，校长颁布名单上的第一名是中国人蒋百里，于是蒋百里理所当然地拿走了日本天皇赐刀（每期毕业生天皇仅赐刀一把）。校长接着宣读第二名，令亲王想不到的竟然是中国人蔡锷。名单上的第三名还是中国人，叫张孝准。他们是那个时代军事界的杰出人才，也是后人所敬仰的革命风云人物。

蔡锷

蔡锷，原名艮寅，字松坡，湖南邵阳人，近代伟大的爱国者，著名政治家、军事家、民主革命家，中华民国初年的杰出军事领袖。蔡锷一生中，做了两件大事：一件是辛亥革命时期，在云南领导了旨在推翻清朝统治的新军起义；另一件是

1915—1916 年组织和领导了反对袁世凯称帝、维护民主共和政体的护国运动。

蔡锷虽然不是同盟会会员，但自始至终与黄兴保持至诚君子间的友谊，大力支持黄兴领导的革命活动，所谓“倾心悦服，订为生死交，终身无间言”（杨思义《蔡锷轶事》）。1903 年留学日本期间，与黄兴参与组织拒俄义勇队。回国后参加华兴会的外围组织爱国协会。武昌起义爆发后，他在昆明发动重九起义，宣布云南独立。

护国运动基本胜利之后，蔡锷从大局出发急流勇退，前往日本治病休养，途中在上海与黄兴专程会晤畅谈。黄兴去世的噩耗传来，蔡锷十分悲痛，亲笔撰写了祭文和挽联。但仅仅八天之后，即 1916 年 11 月 8 日，蔡锷也因病逝世于日本。

张孝准

张孝准，字闰农、韵农，湖南长沙人。1906 年，张孝准在东京经黄兴介绍加入同盟会。后被保送到德国柏林大学留学，学习军事。他精通日语，粗通德语、英语，这在留学生中是不多见的。也正因此，他协助黄兴在国外做了大量革命工作。

1912 年 4 月，黄兴担任南京留守府留守，任命张孝准为军务处处长。1913 年 7 月初，张孝准随黄兴到南京参加讨袁战争。“二次革命”失败后，黄兴等人流亡海外，张孝准也被通缉，携全家逃到日本。在日本流亡期间，张孝准以黄兴代表的身份，联合各方组织反袁斗争。他加入李根源、彭允彝、程潜等人成立的欧事研究会，被推举为干事，名为研究第一次世界大战相关局势，实际上一直进行着反袁活动。1915 年 10 月后，与黄兴、黄一欧一起统筹安排，积极与蔡锷联络，筹划在西南发难讨袁。护国运动胜利后回到湖南。1925 年 3 月因病逝世。

第六章

须从本色见英雄

一、护法运动

1917 年，张勋将大总统黎元洪赶下台，拥戴清帝溥仪复辟。皖系军阀段祺瑞出兵终止这场闹剧后，把持中央政府，拒绝恢复《中华民国临时约法》。孙中山自海外归国南下广东，树起护法大旗，号召打倒假共和、建设新共和，并被推选为中华民国军政府海陆军大元帅，组织护法力量，史称护法运动。

南北再次公开对立。段祺瑞为了控制湖南这块兵家必争的南北交通要地，任命自己的心腹傅良佐取代谭延闿出任湖南省省长兼督军。

北洋势力再次进入湖南，当即遭到湖南驻军将领抵制。署理零陵镇守使刘建藩、湘军第二旅旅长林修梅，于 9 月 13 日宣布零陵和衡阳独立，响应孙中山的护法号召。

刘建藩是黄兴的忠诚部属，和黄一欧是好友，曾大力协助料理黄兴丧事，参与护送黄兴灵榇回湘后，又陪同黄一欧往易家湾昭山和岳麓山等处勘察墓址，“思维缜密，倍于常人”。

在刘建藩的鼓动下，黄一欧以感谢中央政府按国葬规格礼葬黄兴为名，于 1917 年 9 月北上北京，联络各方，配合湘军驱逐北洋军阀傅良佐。

黄一欧十分担心湖南局势，到京后立即活动，联络湖南籍的政界要人周渤（段祺瑞幕僚）、郑沅、陈嘉言（郑、陈二人均系久居北京的前清老翰林）、王文豹（后任段祺瑞政府司法部次长）等，召集旅京湖南人士开会，联名上书段祺瑞政府，请求暂缓进兵湖南。同时，黄一欧还走访刚任总统府高等顾问的王芝祥，王芝祥表示愿为湖南战事调停。尽管这些活动最终未能制止北洋军阀的军事行动，但其政治和社会影响不容忽视。

10月1日，段祺瑞下令出师“剿灭”南方军队。10月6日，各路将领齐集衡阳，决定组织“湘南护法军总司令部”，程潜为总司令。从10月15日起，南北两军各投入兵力万余人，在衡山、衡阳之间的贺家山一带连日激战。黄一欧见战事已起，匆匆赶回湖南。

正当湖南战场处于胶着状态的时刻，北洋军阀内部矛盾激化，直系军队宣布停战，属于皖系派别的傅良佐于11月中旬匆匆逃离长沙。由于湖南护法军主力仍在衡阳、衡山一带，长沙处于无政府状态，长沙民众自发组织起来维持秩序。

当时正在湖南第一师范学校读书的毛泽东曾组织一支拥有100多名学生的志愿军，端着自制木枪，在警察的配合下，在猴子石附近俘虏了一批溃兵。后来，毛泽东在闲聊时笑着说：“要说搞军事，恐怕那才真是第一次哩。”

二、湘省铁路警备司令

刚刚返湘的黄一欧立即投身于维持省城秩序的工作中。他与左宗澍（长沙商务总会会长，曾与黄兴义结金兰）、张孝准、彭兆璜（省议会议长）等人联络省会各界苦心维持局面，电请程潜、赵恒惕、刘建藩早日赶到省会主持大计。

11 月 20 日，护法军进入长沙。桂系军阀大将谭浩明为湘粤桂联军总司令，程潜为湘军总司令兼湖南省省长。黄一欧先后出任湘省铁路警备司令、零陵镇守使署高等顾问等职务。

傅良佐被驱逐后，北洋军阀曹锟、张怀芝、张敬尧派兵入湘。黄一欧与刘建藩进驻平江，毅然担负起了在前线抗击北洋军阀的重任。在平江前线，黄一欧和刘建藩在平江县城一座祠堂里“住在前后房，遇事商量，无话不谈”。刘建藩本想让黄一欧独立统领一个团的兵力，由于受到他人反对未能实现。

1918 年 1 月，南北方军队在岳阳重新打响枪炮声。初期，湘军获胜，并于 27 日占领了岳阳县城。2 月初，随着北洋军队的大举增援，前线湘军的形势紧张起来。刘建藩委托黄一欧回长沙求援。

黄一欧于 3 月初从前线赶回长沙，在联军总司令部见到了联军总司令谭浩明。谭浩明设宴隆重招待黄一欧，但所用礼节全为旧官场那一套，说话不着边际，对黄一欧的求援漫不经心、敷衍塞责。黄一欧大为失望，只好另谋良策。

正在此时，前线的刘建藩不幸遇伏牺牲，湘军忽失良将，顿时军心动摇。张敬尧趁机进军占领长沙。4 月 3 日，张敬尧出任湖南督军兼省长，成为继汤芗铭、傅良佐之后统治湖南的第三位北洋系军人。

抵抗北洋军阀入湘的斗争失败后，黄一欧应胡汉民之邀前往广州，参加以孙中山为海陆军大元帅的中华民国军政府。不久，孙中山在桂系的排挤下离开广州前往上海，黄一欧也随之到了上海，后于 1919 年秋回到长沙。

黄一欧于1919年秋回到长沙时，湖南正在发生轰轰烈烈的“驱张运动”，并于1920年6月成功地将张敬尧驱逐出湖南。其后，谭延闿重掌湖南。

三、护法驱谭

1920年中秋节过后不久，因患伤寒、症状较重而在长沙湘雅医院住院治疗的黄一欧突然接到孙中山从上海发来的电报，嘱其与阎鸿飞和杨丙立即前往上海，但未说明事由。阎鸿飞曾任湖南军政府军务部部长，当时住在郊外洋石塘；杨丙曾作为湘军代表北上联络，当时住郊外榔梨市。

这一时期，中国的政治局势异常复杂。北洋军阀仍掌握着中央政权，但控制能力极弱，大多数省份由地方实力派控制。北洋军阀和地方实力派内部的情况同样极其复杂，分为很多派系。以湖南而言，大的本土派系就有谭延闿、赵恒惕和程潜三派，小的派系更是多得无法统计。以毛泽东、蔡和森为代表的新一代政治人物也开始崭露头角，在湖南的五四爱国运动、“驱张运动”等重大事件中发挥了重大作用。面对变局，黄一欧一时不知所措。

黄一欧与谭、赵、程等湖南本土派系均有很深的历史渊源，与这些派系中的头面人物及骨干人物关系良好。黄一欧不希望他们相互对立，但凭他的资历、年龄和实力，尚不足以调和各派。这使他非常痛苦，无所适从。在这种复杂背景下，何去何从？最好的办法就是跟着孙中山走。因此，黄一欧一接到孙中山的电报，就马上行动起来。

当时黄一欧的病情比较严重，为此，他特地请来湘雅医院院长颜福庆询问病情。颜福庆说危险期已过，但还不能马上出院。黄一欧思考再三，还是做出了决定。他先将孙中山的电报分别送给在长沙市郊区居住的阎鸿飞和杨丙，嘱咐他们立即进城与他相会。两三天后，二人分别赶到，黄一欧不顾自己的病情，立即出院，当天晚上就与阎、杨二人乘船前往上海。

黄一欧一行三人到达上海后的第二天上午，就直接前往法租界莫利爱路29号公馆（今黄浦区香山路7号）谒见孙中山。孙中山非常高兴地迎接了他们，并非同寻常地把他们带到楼上的小书房会谈。

孙中山请他们先谈谈湖南的情况，黄一欧把1920年6月张敬尧被湖南各界驱逐和谭延闿重掌政权后湖南的军政形势概略地做了汇报。

孙中山指示说："现在的局面必须打开。由广东北伐，湖南首当其冲；湖南的动静，关系到西南大局。谭延闿不是革命党，他不会死心塌地跟我们走的，所以湖南每次的革命都没有成功。"

谈到这里，孙中山对着黄一欧说："湖南这个地方很要紧。从前你父亲的部下在那里的很多，事情比较容易着手，所以找你们来商量。"他还说，已派周震鳞回湘运动，"你们回去后，看情况变化。如果谭延闿不愿意革命，就把他拿下来。谁把谭延闿拿下来，我就让他做湖南督军"。

黄一欧进一步向孙中山汇报说："谭延闿是一个八面玲珑

的人，听说北京和广西都有他的亲信代表。他惯于见风使舵，对于革命党说话时，从不露一句真实话，所以很难望他同我们走一条路。”

孙中山听后断然说：“那就把他立即赶走，不要他！”

这时，阎鸿飞发表了自己的意见，委婉地表达了不宜急于推翻谭延闿的看法，认为目前湖南局势复杂、内部并不统一，可以尽可能地争取一些将领参加北伐大业，这样只要广东北伐军一入境，谭延闿自然就会垮台。

孙中山沉思了一会后指示说：“你们先去进行，赶紧运动。”并叮嘱他们“多多联系同志，遇事和道腴（周震鳞）先生商量”。

黄一欧等人在上海停留了两三天。后来，孙中山再次召见黄一欧等人，着重阐述了他统一两广、进行北伐的战略构想和对湖南局势的希望，还批给他们2000元旅费。但三人只从居正那里领到了1200元钱。

黄一欧一行返回湖南途中，在汉口日租界与周震鳞相会。四人会商后，决定首先争取谭延闿，如果不能争取，再推翻他。谭延闿不是革命派，但与黄兴私交甚深，黄一欧也一直视他为长辈，说话总感到有些拘束，不便直接出面争取或推翻谭延闿。因此，黄一欧把工作重点放在时任湘军总指挥、湘军第一师师长的赵恒惕身上。

南京临时政府期间，赵恒惕以旅长身份与刘建藩率桂军援宁，所部很受黄兴重视和勉励。护国运动期间，黄兴计划建立一个军的军队，拟安排赵恒惕任旅长。黄一欧在南京临时政府期间开始与赵恒惕交往，彼此过从很密。此次奉命回湘运动后，黄一欧与赵恒惕大约每两三天就聚一次，地点或者是在赵宅，或者是在赵的老同学、原湘西镇守使田风丹家。经常参加聚会的还有赵部第一旅旅长宋鹤庚、第三旅旅长鲁涤平和胡雨屏等人。

黄一欧后来回忆说，这种聚会“无非是打牌消遣，逢场作戏”，不便放声深谈，只能旁敲侧击：

> 在此情况下，我总是从远处、大处谈起，拐弯抹角地透露出中山先生的意图，希望他顺应潮流，顾全大局，以革命利益为重。我当时谈到湖南人应当团结一致，不要互相猜忌，把力量自相抵消了；不要关起门来称王称霸，而要设法打开大局面，努力向外发展；中山先生豁达大度，对湖南局面非常关心，希望湖南人做一番革命事业。并且谈到谭延闿在粤桂战争中名为保持中立，实际上是中间偏桂，这种两面敷衍的态度，终归是不会见信于双方的。如果谭不择善而从，拥护中山先生的北伐大计，赵应取而代之，这是义不容辞的。

黄一欧认为，“赵恒惕对于我的这番好言劝告，表面上态度很矜持，实则已经有所动心了”。

无论是谭延闿还是赵恒惕，他们对孙中山都不是心悦诚服的。孙中山也深知这一点，所以接二连三地派人来湘运作。除了周震鳞、黄一欧等人外，还有不少人也在湖南同时积极活动，其中的两人为姚大愿、姚大慈兄弟。他们是程潜的秘书，比较激进，其联络对象主要是程潜的旧部。时在赵恒惕处做客卿的程子楷多次建议黄一欧和姚氏兄弟见见面，可能是因为各自的策略方针有所不同，黄一欧觉得没有必要而加以婉拒。

1920 年 11 月 13 日，驻平江的程潜旧部以闹饷为名，杀了谭延闿的亲信、第十二区司令萧昌炽，推举营长于应祥为代理司令，宣布独立。22 日，李仲麟、张振武、郭步高、于应祥、张智等军人联名通电，要求谭延闿去职，张振武还将部队开到长沙北门外驻扎。赵恒惕及其部队对这些行动不闻不问。谭延闿见大势已去，只好于 23 日的军政会议上表态解职，并请赵恒惕接替他的湘军总司令职务，省长则另由议会选举。

在此事正式公布之前，赵恒惕的幕僚胡典武将消息透露给了黄一欧。当晚，杨丙、阎鸿飞、柳聘农、陈方度、李苌吾等同盟会老会员聚集在黄一欧家，决定以湘军总司令（没有署姓名）的名义立即发布谭氏已倒台的告示。

布告由阎鸿飞起草，对谭延闿进行了严厉而有所克制的声讨，并宣布大权属于湖南省人民，省长民选。这一宗旨与当时毛泽东代表的新兴政治力量所争取的“湖南自治”，基本上是相同的。

布告写成后，没有印信。柳聘农顺手拿起时在周南女校附小读书的黄一欧三妹德华的一方砚池，翻转过来刻了一枚非常逼真的“湘军总司令”篆文大印。各人紧急动笔，将布告抄写了几十份，盖上大印，连夜张贴在长沙城北门一带。次日早上，越来越多的人围看布告，口耳相传，达到了广而告之、声援粤军的效果，为孙中山重建广东革命根据地做出了贡献。

四、长沙市政公所总理

谭延闿下台后，接掌湖南实权的赵恒惕以黄一欧在日本、美国学习和生活多年，熟悉现代城市建设为由，说服黄一欧于1920年12月出任刚刚成立的长沙市政公所的总理。

中国行政机构，除了京师之外，历来没有专门为城市设置的建制。直到民国建立后，各省与北洋政府才开始仿照西方各国建设市制。长沙先是于1920年8月设立长沙市政厅，由先后担任黄兴、蔡锷秘书的石陶钧任厅长，继而在同年12月将市政厅改为市政公所，由黄一欧出任市政公所总理。市政公所相当于市政府，因此，黄一欧可以说是近现代长沙市第一任行政长官。

黄一欧始终牢记父亲不让他当官的教诲，而此时同意接受这一职务，主要理由有三：其一，孙中山的儿子孙科此时正担任广州市第一任市长，并在城市规划与城市建设方面干得轰轰烈烈，提出了将广州市建设成“山水城市”“田园城市”“花园城市”和“国际都市”等宏伟目标。其二，黄兴生前非常关心城市建设，对长沙的城市建设也提出过不少有待实现的好建议，如拆城墙、修马路、拓宽街道、改良商场、迁政府机关等。其三，久居上海、东京、纽约、费城等国内外大城市，反观当时的长沙城，难免产生种种不好的感觉。基于诸如此类的考虑，黄一欧接受了市政公所总理这个职务，决心借此机会为家乡做一些实事。

长沙城区当时比较狭窄和拥挤，市区面积仅约七平方公里。人们形容道："南门到北门，七里容三分。"一面临湘江，三面环绕着一道七公里长的城墙。在这么狭小的面积内有150余条东西南北纵横的"大街"，小巷更难以确切统计。每逢人群活动高峰期，各主要街道人满为患，连走路都比较困难。

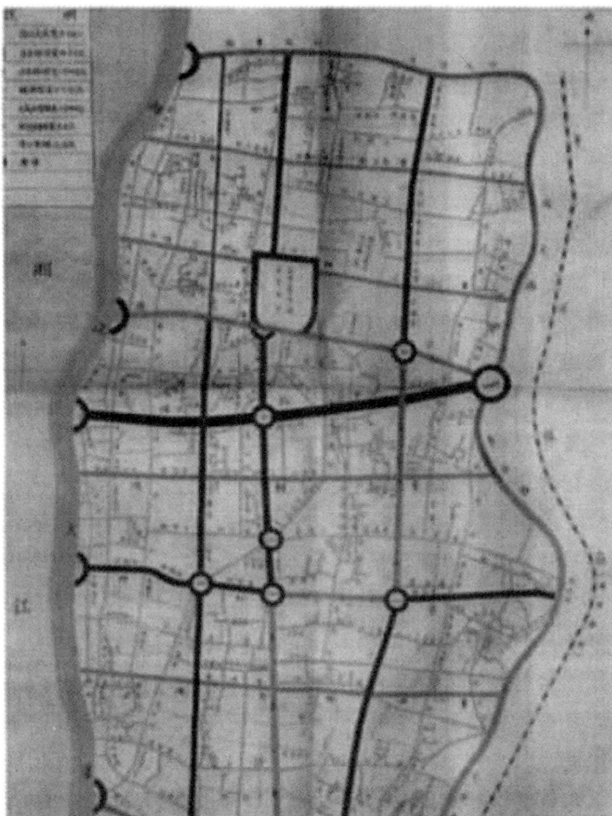

1921年《长沙市政计划书》旧街道筑新马路道路系统图（局部）

黄一欧出任长沙市政公所首任总理后，根据长沙的基本情况，为长沙干了几件大事。

第一，编制具有现代城市规划色彩的《长沙市政计划书》。

黄一欧任职后的第一件事就是编制《长沙市政计划书》。此前，长沙市政厅编制过一个市政计划，但只提出了一些基本设想。黄一欧主持制订的新计划书共分 13 章近 3 万字，更详细、具体，而且气魄更大。其主要内容有：

1. 在北至新河、南至金盆岭、西至岳麓山、东至浏阳河，方圆 82.59 平方公里的范围内规划城市路网布局，并绘制了 1∶2000 的计划图。

2. 改造市区马路系统，新修环城马路。旧城区道路布局照顾原有街巷，新城区全部采用方格网加放射线，路网间距 150 至 180 米，路面宽度自 26 至 60 米不等，道路总长度 271 公里。道路占地面积占城市计划用地面积的 30% 以上。

3. 水陆洲、朱张渡和浏阳河口各设跨湘江铁路桥一座。

4. 规划东、南、西、北、中五个市区公园，如天心阁为市南公园、岳麓山为市西公园。

5. 贯彻“西文东市”思想，辟岳麓山周边为学校区，将中等以上各类学校集中于此。

从西汉初期到民国，长沙城区面积仅扩大了两倍多。而黄一欧主持制订的这个计划，可一举将长沙市区扩大近 20 倍，整个计划实施期限为 10 年。这样宏大的计划具有现代城市发展战略眼光。

第二，引进国外先进的技术改善老百姓生活。

黄一欧久居国内外大城市，对国外城区基础设施建设的先进技术有所了解。他引进先进技术帮助长沙人民解决一些民生困难，加快长沙市的建设速度和人居环境改善，得到长沙市民的认可。其主要内容有：

1．仿制耐火砖

当时，湖南省内的造币厂、黑铅炼厂、玻璃厂等砌炉用的耐火砖全从外国进口，价格昂贵。黄一欧引进先进技术在铜官成功试制耐火砖，经过检验，质量虽比进口砖稍逊，但价格便宜80%，因此受到用户的欢迎，打破了洋货的垄断。

2．仿制日本花盆

铜官出产的栽花瓦盆，原先只有绿釉、黑釉两种，式样古老，钵形矮浅，销售市场狭窄。日本花钵形高、口敞、底小，钵深可多放泥土，花枝长高大后，经得起风吹雨打不易折损；口大底小，口上无内边，花凋谢后泥土容易倒出；钵内不上釉，便于松散泥土并浸透水分。

黄一欧先在湘潭河东钵子窑试制一批日本花钵。产品一出，供不应求。接着又在铜官试制成功，还在衡山、渌口等地大量定做。所制花钵每年销售约10万个。

3．仿造日本火盆

长沙人冬天烤火取暖时，流行做法是在一个低矮的木架子上面架个生铁火盆。日本进口的火缸外观式样呈鼓形，古铜色釉，精致美观，省炭，无灰尘，又安全。

市政公所引进日本先进技术在铜官试制成功，由雷同茂出资大量定制，做出坯子后，在缸内加盖“雷同茂出品”印记，陆续运店储存。进入冬令，该店在湖南各家报纸大登广告，由此轰动一时。长沙和省内各市、县均来选购，后来还成批运销广西桂林等地，每年约销 6 万个。

4. 改良涵管

民国初年，湖南成立公路局。公路局先后修筑长潭、潭宝、宝武、长桃等公路，市政公所拆毁城墙、修筑马路，这些工程均需要大量瓦涵管。当时铜官、湘阴所产的涵管，每筒两头都是平口，形状较短。公路局要求改良式样，在涵管一头加做一个套榫，使每筒管子都能衔接起来，管子的口径以 30 厘米、长度以 50 厘米为宜。

市政公所引进先进技术改良式样定做一批，试销合格。除铜官椅子湾福兴窑、保兴窑、寿兴窑、狭口子、袁家湖几处瓦管大窑大批生产外，还有其他几十处窑口也在生产。

5. 设计改良各种缸坛用品

市政公所委托雷同茂引进先进技术改良蒸酒用的大坯缸，它比老式坯缸高一尺以上，优点是出酒率高，深受各酒厂和作坊的欢迎。

如酒酱业长年需要各种大小缸坛，为数甚巨。历史上这些缸坛是由铜官、湘阴两地生产，坛子式样笨重，又多渗漏，要加工才能使用。雷同茂引进先进技术改良设计定制大小酱油坛、腐乳坛等，深受酒酱业欢迎，年销数字很大，无法统计。

6. 扩大筒瓦（即琉璃瓦）生产，适应建筑需要

铜官窑户过去只生产少量筒瓦。民国初年，各地的建筑工

程颇为兴旺。当时修建大厦时流行用筒瓦盖。为此，市政公所引进先进技术，由雷同茂出资大量生产筒瓦。

长沙兴建国货陈列馆、盐务局、何键公馆、湖南大学、清华中学、大麓中学、湘雅医院、天心公园、民众俱乐部、模范监狱、开福寺等，南岳修建藏经殿、祝圣寺和一些别墅，宁乡修建沩山寺，庐山修建诺那佛舍等，盖的多是黄、绿釉筒瓦。这些工程不论是自办材料，或是由营造厂商包料，都向雷同茂定制。该店年销筒瓦在200多万片以上。

有一种蓝釉筒瓦是雷同茂首创。如今天长沙市开福区麻园岭湖南省卫健委大院内的民国建筑蓝釉屋瓦，就是当年在该店定制的。历经风雨沧桑，这些屋瓦依然鲜艳。

7. 支持德茂隆酱园引进先进技术进行创新

德茂隆为民国时期长沙最大的酱园，主营酱园，兼营酒、香干、麻油、豆豉、酱菜等作坊，经营香干作、酒作、酱作、芝麻作、苏作、豆豉作、米厂等业务。全店职工人数共约100人，前店后厂，批发、零售兼营。

在市政公所支持下，该店引进先进香干制作技术，制作的香干不仅厚薄均匀、大小合度、颜色火候始终如一，而且色、香、味俱佳，人人称赞。香干上印有圆形“德”字标记，以区别于别店所产。

8. 追求改善百姓生活

长沙春季雨水多，下几天大雨后市区下水道经常出现堵塞现象。于是市政公所引进先进的抽水机安排专人排除积水，有效扭转了城区涨水的现象。

有一次，黄一欧挤在人群里去德茂隆酱园打酱油。快轮到他时，柜台上的伙计异常热情地跟他打招呼。黄一欧正诧异对方怎么认识自己，伙计连忙说：前几天南门口下水道堵塞时，看见他打着赤脚和大家一起忙着排积水，给大家留下了深刻印象。

此外，长沙人多用煤球，煤球不方便又脏乱，影响城市环境。市政公所因此引进了先进的藕煤机，环保、实用，提高了长沙人的生活品质。

第三，力主成立马路工程处大修市区马路。

长沙市的老城墙从 1917 年开始拆除，但初期阶段，仅将筑城的墙砖搬走，并未及时清除坯土，以致环城一线土堆屹立，一遇雨雪不时倾塌，毁屋伤人之事时有发生。

黄一欧到任后首先表态，为保障市民生命财产安全，决心铲平旧城墙下堆积如山的土堆。但具体筹备施工时才知，当时市政公所经费太少，每月仅 5000 元，远不敷用。经过讨论，市政公所只得出卖城基地皮，抵作拆平城墙坯土的部分人工费。同时黄一欧亲自赶往武汉向英、美两国银行签订草约，商借外债作为建设经费。

1923 年长沙市政公所下设的马路工程处成立，举步维艰的长沙古城墙拆卸工程及环城马路的修筑工程终于得以实施。为了满足现代城市的发展需要，巍然屹立于湘水之滨达千年之久的古城墙在一片号子声中轰然倒塌，仅剩下城南一小段城墙及天心阁被保留下来，成为供人们访古的千古名胜。

1930 年，大部分竣工的东西干道被命名为中山路。1933

年部分竣工的南北干道被命名为黄兴路，1937 年建成的第二条南北干道被命名为蔡锷路。目前，中山、黄兴、蔡锷三条路仍是长沙城区的主要道路和繁华商业区所在地。

1923 年 5 月，人们发现长沙西城城基上已经建起百余栋私人房屋，一时舆论哗然。这件事成为湖南省议会议员攻击黄一欧的靶子，遂有“咨请查办市政公所总理黄一欧案”。但经过详细调查，最后确认黄一欧未在拆城工程中徇私舞弊，划拨西城城基土地建筑房屋，是依照以前城工局的呈请，并由前省长批准的原有案件。

蒙此不白之冤，加上在扩充市内道路时，也需先拆迁部分民房，而其间来自土豪劣绅的阻力极大，黄一欧心中十分气愤。原来，在城南八角亭的繁华地带，拆迁工作遇到了一家“钉子户”，这家主人就是有名的大财主叶德辉。

叶德辉是江苏吴县人，生在长沙，受教于岳麓书院，喜欢读书，藏书丰富，而且爱书如命。“书与老婆，概不外借”这句名言，就是他的发明创造，且书还摆在老婆前面。此人性情固执乖僻，死活不肯将黄金地段让出来，官司一直打到中央政府。那时国民党的政策维护地主阶级、资产阶级的利益，市政公所和黄一欧反而输了官司。

1923 年，湖南的谭延闿派系军队与赵恒惕派系军队展开火拼，一时乌烟瘴气。黄一欧对这种局面深感厌恶，遂于 1923 年辞去长沙市政公所总理一职。

相关链接

赵恒惕

赵恒惕，字夷午、彝午，号炎午，湖南衡山县（今衡阳市衡山县）人。日本陆军士官学校第六期炮科毕业，同期毕业生中有唐继尧、程潜、李烈钧等人。他先加入黄兴组织的革命同学会，后成为同盟会会员。参加过辛亥革命和“二次革命”，历任新军旅长、军长等职。1920—1926 年主持湖南省军政事务期间，他倡导“联省自治”“湘人治湘”，发起亚洲第一个省宪运动，制定湖南省宪法，推动民选省议会和民选省长，并大力发展湖南的文化教育事业，如成立湖南大学等。

为了维护自己的统治，赵恒惕多次镇压工农运动，曾下令追捕毛泽东等进步人士。1926 年，因反对广东国民政府北伐军入湘作战，他被唐生智逼迫下台，隐居上海 10 年，学佛诵经。曾坚拒侵华日军招降。1949 年赴台湾治病，此后留台不返，直至 1971 年逝世。

雷同茂

雷同茂是近代长沙的一家老字号瓦货店。道光十七年（1837），出生于长沙东乡鹿芝岭佃农家庭的雷文榜进城投亲，先做瓦货店学徒，后来开始另立门户。当时南门口城墙外的一带青草坪地，是巡防营牧马之地，名叫牛马墙。由于资本微薄，无力在市内街道租赁门面，他就在牛马墙用瓦缸围成墙壁，日间开门经营，入夜则睡在瓦缸中，取店名为“雷同茂”。经过雷家四代人的潜心经营，该店经营范围日益扩大，所制瓦货质量上乘。

1920 年，长沙市政公所开始拆除长沙南门旧城墙并拍卖闲余地基。雷同茂当家人雷韵伯出资 3600 余元，购买了南门口西北角大片地皮，后于 1933 年翻新建起三层楼的店铺。其屋顶全部使用自家出产的青筒釉瓦，成为南门口西北角最高的标志性建筑，也标志着该店作为同行业首户的地位。

1956 年公私合营后，雷同茂改名湘群日杂综合商场，经营日用陶器、美术陶器、卫生陶器、建筑工业陶器和化学工业陶器等品种。

德茂隆

德茂隆酱园始创于清同治三年（1864），园址设在长沙城区南门口的繁华码头附近。初由晚清富商、长沙东乡人魏鹤林创办，取名“魏德茂”。后几易其主，至 1887 年由张子林独资经营，改名为“德茂隆”。

民国时期，德茂隆得到在湘籍名将贺耀祖部下任军需处处长的族人张炳生的资助，实力日益雄厚，曾先后开设 48 家分店，主营酱园，兼营酒、香干、麻油、豆豉等六个作坊。1921 年，德茂隆由原支店经理谢菊生以银元 2 万接顶。谢氏系学徒出身，生产经营经验丰富。他精心策划，以特产优质“德”字香干为竞争手段，挤垮本街的德馨长酱园等竞争对手。从此，德茂隆独占鳌头，信誉日增。

1956 年公私合营后，德茂隆改造成国有企业，谢菊生担任经理直至1964年退休。20世纪80年代后期因种种原因停产，后经资产盘活重新开始生产经营，2011年上榜长沙市第二批“中华老字号”。

叶德辉

叶德辉，字奂彬（也作焕彬），号直山、郎园，文字版本目录学家。光绪六年（1880）就读长沙岳麓书院。光绪十八年（1892）成进士，授吏部主事。次年回湘，不复出。他研讨经学自有心得，以“决事明快”受到器重，遇事被邀入议，遂在地方绅士中崭露头角。

维新变法时期，叶德辉坚持旧学，排斥新说，声言“宁可以魏忠贤配享孔庭，使奸人知特豚之足贵；断不可以康有为扰乱时政，使四境鸡犬之不安”。为抵制维新思想传播，他与王先谦、张祖同、黄自元、孔宪教等顽固士绅联名向湖南巡抚递进《湘绅公呈》，诬设在长沙的时务学堂延请梁启超等“阴行邪说”，要求“整顿”时务学堂，摒斥“异学”。宣统二年（1910），本省灾荒严重，他积谷万石，却不肯减价出售。长沙抢米风潮发生后，他被革去功名。

武昌起义后，叶德辉常离湘出游。民国四年（1915），他在湖南组织筹安会分会，担任会长，拥戴袁世凯复辟帝制。他为人傲慢，横行乡里，1927年因破坏北伐和工农运动，被农民协会抓捕处以死刑。

第七章

大风歌好不如归

一、川军北伐军司令

在共产国际与中国共产党的帮助下，孙中山顺应世界潮流，适应时代步伐，着手对国民党进行改组，并于1924年1月在广州召开了中国国民党第一次全国代表大会。国民党一大的召开，标志着国民党改组的完成和国共合作的正式建立。

这次大会通过了《中国国民党第一次全国代表大会宣言》（以下简称《宣言》）等议案，孙中山就《宣言》的宗旨作了演说，并说明通过的《宣言》接受了中国共产党提出的反帝反封建的主张，对内推翻军阀，对外推翻帝国主义。大会正式决定国共合作，提出“联俄、联共、扶助农工”三大政策。以《宣言》发表为标志，孙中山的旧三民主义发展为新三民主义。国共合作，加强了革命力量的联合，推动了革命高潮的到来，工农运动、北伐战争随即兴起。

黄一欧辞去长沙市政公所总理后，应同盟会老会员、四川省当权人物熊克武邀请，于1924年赴湖南常德，遥领川军北伐军第一路军司令一职。1924年春，熊克武兵败，自川贵地区退到常德休整，在常德组成建国联军，还被国民党一大选为国民党中央执行委员会委员，同年7月获孙中山任命为建国军川军总司令，准备参加北伐。熊克武是孙中山任命的四川最高军事指挥官，为了避免与孙中山正面冲突，当时掌权湖南的赵恒惕暂时容忍了熊克武留在湖南境内。

孙中山1925年3月逝世后，赵恒惕公开倒向北方，勒令熊克武出境，熊克武只得率部出走广东。随着熊克武的出走，黄一欧也于1925年来到广州任国民政府参事，次年随国民政府迁到汉口。

二、国民政府官员

1927年，随着北伐的节节胜利和收复地区面临新建设的局面，原本在国民政府任参事的黄一欧被派任安徽省榷运局局长。该局主管的淮盐是明清与民国时期中国最有名和销售量最大的盐业资源，因此这个职位一直是官场争斗焦点的大肥缺。黄一欧充满理想与正义感，难以应付这个职务所带来的种种麻烦，支撑不到一年便辞职了。

1928年，安徽省政府改组，南京国民政府建设部部长孙科和大学院院长蔡元培等人在南京行政院会议上联名提名黄一欧出任安徽省政府委员、建设厅厅长。没有想到，这一提议遭到时任行政院院长谭延闿的坚决反对。谭延闿与黄兴民国初年互相倚重、合作融洽，谭本人多年浮沉政坛，素以八面玲珑、为人圆滑著称，很少如此公开表示反对意见。

蔡元培对谭延闿的这一行为感到奇怪，特地派车将黄一欧接来，当面询问："你和组庵先生有什么过不去的地方？"

黄一欧把当年奉孙中山之命在湖南倒谭的事说了一下，蔡元培这才恍然大悟，劝说黄一欧不要为未能出任安徽省建设厅长一事介意。黄一欧当然不会介意，但这种官场上的派系倾轧亲临其身，其滋味可想而知。

1928 年 3 月，南京国民政府发布命令继续北伐，并将所辖的国民革命军部队分成几个集团军，分别由蒋介石（兼）、阎锡山、冯玉祥、李宗仁任总司令。国民革命军占领平、津，进抵滦河流域，奉军退至关外。黄一欧与周震鳞、刘人瑞等人代表南京政府前往北平接管原总统府、国务院等中央机关，多方协调安排，保证了政治上的顺利过渡。

三、把兄弟

1929 年 1 月，黄一欧与周震鳞、王用宾作为国民党中央代表到沈阳与张学良商讨东北地区的国民党党务工作，协商安排“东北易帜”相关事宜。以前国民党的势力进不了东北，所以这时派他们与张学良专程接洽党务问题。随后，国民党中央任命沈鸿烈（后任山东省主席）、何成浚（二级上将，后任武汉行营主任、湖北省主席）、何应钦（一级上将）、方本仁（江西督军，代理省主席）、宁梦岩、王用宾、黄一欧、张宗海、周震鳞等九人为东北党务指导委员，指示即日着手开展当地党务。

张学良接了张作霖的班，锐意革新。黄一欧和张学良都是军旅出身，又都风华正茂，趣味相投，于是他们换了庚帖，结为兄弟。

一年后，阎锡山、冯玉祥、李宗仁对阵蒋介石，在河南、山东、安徽等省发生中原大战。双方相持不下之际，张学良派兵入关，支持蒋介石，致使战局迅速发生有利于蒋氏的变化，最终蒋氏大获全胜。

当时黄一欧在阎锡山部任高参，他自以为和张学良有交情，不会出问题。没有想到事情坏就坏在张氏身上，张氏和蒋氏也是拜把子兄弟，临阵反水。黄一欧骂张氏办事不通过大脑，意气用事，害了大家。

四、履职天津

1929 年，黄一欧出任天津特别市政府参事兼特别一区公署主任。据《天津市志》，1917 年德租界收回后改称特别区，后改称特别一区，设区公署，接管租界工部局的一切事权。卢篆、黄一欧先后出任区公署主任。特别一区公署设有秘书处，有华人、外籍秘书数人，管理机要、涉外事务。署内还设有总务科、捐务科，另设稽查长、消防队长及捐务巡查等职。

天津这个地方，地理位置特殊，北平失意政客下野后都喜欢来此避一避风头，因此公馆林立、名人遍地。当了区公署主任，得要有好的幕僚辅佐，以便与各色人等包括外国人打交道。这时应征而来的有一位美国康奈尔大学化学工程硕士毕业的李尔康。

李尔康名先颐，湖南邵阳人，面试的时候，黄一欧问了一句："你知道纽约市污水排到哪里去了吗?"李氏答对了，加之英文娴熟、应对得体，于是成了公署英文秘书，也成了黄一欧一生的好朋友。新中国成立后，李尔康积极投身社会主义经济建设，为湖南轻工业的发展做出了有目共睹的贡献。

天津是晋系势力范围，由时任晋军军长兼天津警备司令的傅作义控制。1929 年冯玉祥遭阎锡山软禁时，黄一欧曾自告奋勇去太原解救冯玉祥（详见后文），说明他与晋系关系不错。

在天津党政军当局要人中，有一位是鲁荡平，系国民党天津市党务整理委员会委员，曾担任天津特别市社会局局长。鲁荡平是湖南长沙人，曾在北京创办民国大学，与周震鳞在家乡创办过中学。抗日战争时期他倡导设立战区联中五校，解决了沦陷区数万青年的就学问题，获国民政府二等景星勋章。他的兄长是曾任湖南省主席、第二军军长、第九路军总指挥等职的鲁涤平。鲁涤平是赵恒惕的旧部，与黄一欧来往不少。

虽然有这样的背景，但要在时局黑暗、鱼龙混杂的天津有所作为也非常困难。走马上任的黄一欧满腔热血，试图施展其改良社会、建立现代文明都市的伟大抱负，迅速制定和实施关闭妓院、取缔赌场等措施，提倡文明新风。

有一次，黄一欧接到线报，区内某处地方有一家颇有来头的地下赌场，规模庞大。场内不但有各种赌档，各色赌具一应俱全，还有许多档次不同的房间，为赌客提供嫖娼和吸食鸦片等服务，可谓黄赌毒俱全。据说它后台坚硬，历任地方官员只好睁一只眼闭一只眼。这更加点燃了黄一欧的怒火，他决心要捅捅这个马蜂窝，杀一儆百。

当黄一欧集中手下军警，正要整装出发时，前任留下的一位副主任走进办公室，轻轻凑到他耳边说了几句，还将一个沉重的小包顺手悄悄地塞进他的口袋。黄一欧用手一摸，冷冰冰、沉甸甸，凭感觉知道是几根金条。手中的物件和耳边的语言，让黄一欧勃然大怒。他狠狠地盯了那人一眼，顺手将金条甩到地上，然后出门登上汽车，下令队伍马上出发。

这次行动大获全胜，不但没收了巨额赌资和不少鸦片，还将几个主要头目游街示众，以儆效尤。事后黄一欧还整顿手下官吏，当众撤了那个副主任的职务，并向其他人明确规定纪律：今后如果有谁胆敢收受贿赂、纵容包庇坏人，一律严惩不贷。

此举不但肃清了吏治，也让区内其他赌场闻风丧胆，家家有所收敛。特一区范围内的社会风气，顿时大不相同。老百姓拍手称快，夸黄一欧是难得的清官，不愧是辛亥元勋黄兴的儿子。但他也因此得罪了地方上的恶势力。

原来那家赌场的老板是天津市数一数二的流氓头子，其在天津黑道的地位，堪比上海的黄金荣和杜月笙。当他听到居然有人敢在太岁头上动土，立刻吩咐徒子徒孙出手报复，要将胆大妄为之人置于死地。但随后查明黄一欧的家世背景，他深知不能轻举妄动，只好先找自己的结拜兄弟、傅军长手下的参谋长，请后者出面帮忙说项。谁知参谋长闻听是黄一欧，知道这不是好惹之人，反而劝把兄弟放手。赌场老板当然咽不下这口恶气，又暗中通过各种渠道，托南京政府中的某些要人散布中伤和毁谤黄一欧的言论。再加上蒋、冯、阎中原大战的影响，黄一欧任职一年多后，主动辞去了天津的职务。

黄一欧在天津任职的时间不长，但为百姓办了不少好事，还为自己成就了一段美满姻缘。当时他与湘籍同盟会老会员、

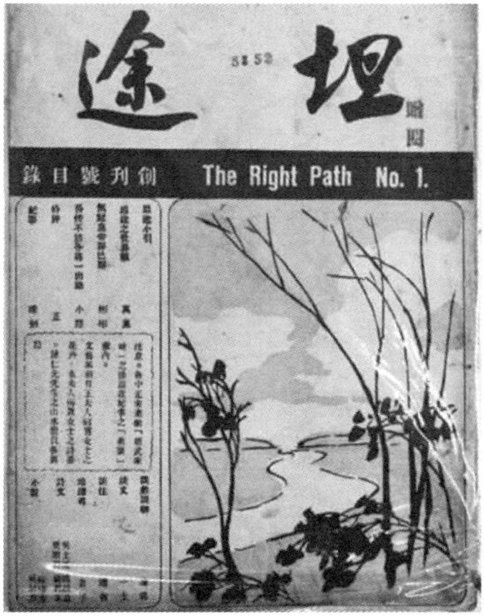

因为反蒋色彩，仅出版八期便遭查封的《坦途》杂志书影

辛亥革命元勋周震鳞和刘人瑞等在天津创办了宣传反蒋的《坦途》杂志。见老友黄兴的长子黄一欧年近不惑膝下犹虚，周震鳞介绍他认识了自己的女弟子彭洁如（后改名承祉，1905—1976）。1930 年，在时任湖南省政府主席何键主持下，黄、彭举行了婚礼。

彭承祉出身于湖南湘乡的一个大家庭，20 世纪 20 年代到北平燕京大学就读。她父亲和周震鳞等人素有来往，她自己兰心蕙质、学业优秀，周氏非常欣赏她。婚后，她生育了一女一子即曼西、伟民，并将毕生精力投放到家庭中。

五、反蒋立场

1929 年 6 月，冯玉祥应阎锡山邀请前往山西“共商国事”。为了讨好蒋介石，阎锡山以“停止内战”“相偕出洋”为借口，将冯玉祥先后软禁在太原晋祠和五台县西会村。

冯玉祥参加过辛亥革命时期的滦州起义，护国战争时期与蔡锷联合反袁；护法战争期间任湘西镇守使，驻扎常德两年多，力主和平解决南北争端，对吴佩孚的北洋军队起了牵制作用；北伐战争期间主持“五原誓师”，率部参加北伐战争，同南方北伐军会师中原；北伐结束后，任国民革命军第二集团军总司令。他为官清廉，生活朴素，以“平民生，平民活。不讲美，不要阔。只求为民，只求为国”著称。

冯玉祥对黄兴、蔡锷充满崇敬之情，曾专程前往长沙岳麓山拜谒二公之墓，并在文章中写道：“假如克强先生与松坡先生不死，中国或者不至于这样坏。”在长期的革命生涯中，冯玉祥与李书城、周震鳞等黄兴旧部结下了深厚的友谊。其中李书城在冯玉祥控制北京政权期间出任过陆军总长。

得知冯玉祥的险讯后，黄一欧自告奋勇与李书城、周震鳞先后赶赴太原，劝说阎、冯二人言和。阎锡山曾在日本陆军士官学校留学，其间由黄兴督誓加入同盟会，又与李书城等人一道加入了黄兴精心组织和直接领导的“铁血丈夫团”，平时与黄一欧称兄道弟。在多种因素的影响下，阎、冯终于携手共进，联名发出倒蒋通电，拉开了中原大战的序幕。

北伐以来，为了打开华北、东北、西北、西南等地区的局面，蒋介石和国民党政权不得不借重李书城、周震鳞、黄一欧这类辛亥革命人物，以利用他们的威望、与各方人物的联系来统一中国。这本来是完成辛亥革命的未竟事业，符合广大民众向往和平安宁生活的需要。但由于蒋介石一心实行专制独裁统治，所谓“统一”演变为争权夺利、排除异己、军阀混战。

黄一欧从广州到沈阳、从东南到西北，所见所闻，无处不是怨声载道、怒火熊熊，因而也像很多元老、名流那样，逐渐走上了反蒋的道路。

1931 年，胡汉民被蒋介石软禁之后，孙科也加入反蒋战线，与陈济棠、李宗仁等人在广州另立国民政府，与南京国民政府对抗，并邀请黄一欧去广州协助。

黄家和孙家的关系非同一般，从老一辈的孙、黄并列开始，算得上是父一辈子一辈的交情。对于孙科的邀请，黄一欧于公于私都无法拒绝，随即到广州任广东省政务委员。

谁知没过多久，一直口称坚决反蒋，并把蒋氏比之为一只“疫鼠”，号召国人尽快将其消灭的孙科，突然向蒋氏妥协，实现“宁粤合流”。孙科出任南京政府立法院院长后，又力荐黄一欧担任立法委员。黄一欧这一任就一直到 1943 年。

六、沪宁旧事

黄一欧在上海的住所位于法租界白来尼蒙马浪路，即现在的黄浦区马当路。那时黄一欧交际活动不少，经常出去打牌。一天半夜他坐黄包车回家，经过一段偏僻路段时遭遇持枪的劫匪。黄一欧身上带有一个两千元的包，包括赢回来的钱在内，他立刻全部交了出来，并口称对方“老弟”，说黄包车夫是靠卖苦力赚钱的，请高抬贵手给他几个小钱吧。劫匪倒也“配合”，顺手拿出几个零钱给车夫。车夫吓得浑身发抖，尿了一裤子，哪里敢要，还是黄一欧接过去递给他的。

中年黄一欧

黄一欧的邻居中，有一位世交，即当过司法总长、教育总长，又是杜月笙私人律师的章士钊。章士钊一生阅人无数，始终把黄兴当成最好的朋友。章士钊听说后哭笑不得，就去跟杜月笙讲了这事。

第二天中午，杜月笙请黄一欧到杜家做客。他与黄一欧分别坐在八仙桌的两边，让徒子徒孙从外面排队而过。不到半个时辰，黄一欧的钱包已经摆在了八仙桌上面，完璧归“黄”，分毫未少。原来青帮有规矩，三天之内不可分赃。黄一欧抽出几十元打点下人，然后高高兴兴回家去了，心想看来和杜氏做邻居是一个不错的选择。

遇到抢劫并不是每个人都能这么应付。一天天还未亮，阎鸿飞慌慌张张跑了过来，手里还攥着一把小手枪。黄一欧一见，大吃一惊，忙问怎么回事。

原来阎氏也被人打劫。他是军人出身，练过功夫，不甘如此破财，又见对方只有一人，就反身搏斗，三下五除二，劫匪的枪飞到了几丈以外。对方一看碰上了硬茬，吓得屁滚尿流地跑了。

黄一欧责怪他冒失，一般劫匪作案，还有一个在外围看风

20世纪30年代黄一欧与一家老小合影（前排右一为黄一欧、右二为廖淡如、右三为徐宗汉、右四为黄一美，二排居中为黄一球、右三为黄德华，三排右一着条纹旗袍者为黄文华，四排右一为黄乃、右二为黄振华、右三为黄一中）

的，万一伤了自己怎么办。更难办的是那把劫匪丢在现场的手枪，黄、阎已经不是现役军人，持枪是犯法的。一个是中央立法委员，一个是中央监察委员，知法犯法，罪加一等。

思来想去，黄一欧马上起床，开车带阎氏到郊区一个池塘，把手枪丢了进去，大家这才松了一口气。有人可能会问，为什么不去报告巡捕房？因为如果这么一来，弄得社会上都知道了，正好政敌可以拿来做文章，反而不好解释。

黄一欧在上海有住所，在南京也有一处住宅，不过是弟弟妹妹住在一起，在立法院开会的时候黄一欧就住在那里。南京是黄一欧浴血战斗过的地方，现在却是蒋介石操弄权柄的地方，挂名议事开会的生活比较苦闷，黄一欧尽量不在那里住。

10月31日是蒋介石的生日，全南京只有一家敢下半旗，就是黄一欧那处住宅，因为这一天也是黄兴的忌日。有一年的这一天，一队宪兵发现了黄家的不对劲，马上过来干涉。黄一欧坚称黄兴去世是国民政府定的国葬日，规定要下半旗。宪兵还是不依不饶，马上给首都卫戍司令、宪兵司令兼南京市代理市长谷正伦打电话。

谷正伦赶到后，一见是黄一欧在场，知道是不好惹的老朋友。原来谷氏在日本留学时参加同盟会，1911年武昌起义爆发，他因为对黄兴非常敬佩，所以虽然学业未满，仍请假回国，追随黄兴急奔前线，曾任汉阳总指挥部少校副官。不久，黄兴到南京上任，他也跟随前往。黄兴去世后，他投到蒋介石门下，后升任首都宪兵司令。谷司令忙着和黄一欧打招呼，客客气气，挥手打发宪兵走了。

20世纪30年代黄兴的五子三女合影

（二排右一为黄一欧）

黄一欧虽然希望反蒋斗争能取得胜利，但为了顾全大局，有时只能隐忍。他虽然接受了委任到南京就任立法委员，但对蒋氏的不满情绪始终没有消除。蒋介石为笼络黄一欧，特别批准黄一欧的职级为简任一级，每月支薪水 680 块大洋。蒋介石自己是特任一级，每月薪水略高，为 800 块。当时南京物价便宜，上等白米才 6 块大洋一石（一亩地才作价 10 块大洋）。

黄一欧每月薪水虽高，但日子过得并不宽裕。蒋介石排挤一大批辛亥元老，这些为中国民主革命做过贡献的人生活困难，有的连温饱都有问题。黄一欧经常帮助和接济他们，努力让这些为革命做过付出的辛亥元老能生活得好一点。

七、烽火重庆和遁走荷叶塘

抗战开始后的 1935 年，黄一欧夫妇先遇弄瓦之喜，迎来长女黄曼西的诞生。两年后，儿子黄伟民来到人世。黄一欧为儿子的名字费尽心机。“伟民”这两个字，寓意希望中华民族能早日复兴、雄伟昂然地屹立于世界民族之林，不再受列强的欺侮和侵略。

面对日本帝国主义的步步进逼，黄一欧积极参加抗战，后随国民政府迁到重庆。为了不干扰丈夫的事业，费了不少周折，黄夫人彭承祉将黄曼西姐弟两人从上海送到湖南湘乡荷叶塘外婆家中。乡下相对安宁，外婆家又是当地的大户，饶有资财，日子过得还算安定。

黄一欧来到重庆后，与许多老朋友异地重逢，不免感慨良多。有一次遇上日军空袭，他正好与程潜躲在同一防空洞里。两人来不及寒暄，头顶上已经响起飞机的轰鸣声，还有重磅炸弹破空而降的刺耳声音。那次日本人出动了一百多架轰炸机，将重庆炸得一塌糊涂，防空洞的另一头被炸毁，死难者很多。他们在这一头幸免于难，被程潜戏称为同游鬼门关的伙伴。不过两人都被炸弹的气浪震伤耳膜，以致后来别人和他们讲话时要将声音提高八度。

黄一欧身份特殊，自然也收到许多不一样的关心。有一次出席孙科出面邀请的茶会，会议休息时周恩来主动走近黄一欧身边，和他讲抗战的事，并告诉他他幼弟黄一寰正在延安学习，请他放心。

因为父亲黄兴和自己长期从事政治活动的经历，黄一欧与国民党各派系的要人都有不同程度的渊源关系，也看清了他们之间为了政治利益，朝为死敌、暮为密友，反复无常的手段。特别是在日本侵华、国家灾难深重的关头，国民党内的派系倾轧、勾心斗角仍然不肯罢手。黄一欧十分困惑、反感、失望，于是多次提出辞职，想就此离开官场，但每次都未获批准。直到 1943 年，他借口养病向立法院请假，才得以悄悄离开重庆，辗转回到湘乡荷叶塘隐居，与一家人团聚。

当时日本侵略者正占领长沙，其中很多人都是“中国通”，比如特务头子土肥原贤二，知道黄一欧声望很高，拟胁迫他出山做湖南省伪省长。为了避免受到日本侵略者的胁迫，黄一欧做了很多准备甚至最坏打算。他曾叮嘱曼西和伟民姐弟俩：“如果有留着小胡子、说话声调不同的人问你们父亲的下落，你们就说不知道。千万千万要记住！”

回到湖南之后，黄一欧一直隐居不出。愤激于时局糜烂、民生多艰，他曾书写宋人王中《干戈》一诗的诗句以自励道：“安得山中千日醉，酩然直到太平时。”他闲在家里言语不多，但有时也给曼西和伟民姐弟讲辛亥革命，讲孙中山、黄兴和其他革命元勋的故事。

黄一欧还把黄兴书写的“笃实”横批挂在墙上，谆谆教诲子女领会“笃实”二字的深意，嘱咐他们身体力行，不要辜负祖父的遗训。为了不让孩子成为手不能提、肩不能挑的人，他提出了“要念好书，还要能挑得起重担”的严格要求。从黄伟民读小学时起，即便家中有佣人，挑水等体力活仍是父命难违、必须体验的家务劳动。

黄一欧在乡下隐居，虽然不问政治，但热心公益，并义不容辞地积极组织乡勇抗日，因而在乡间有着一定威望。

有一天，住在隔壁的黄三爷拄着拐杖，慌慌张张跑来，说刘保长抓壮丁抓走了他的儿子。黄三爷是黄一欧出了五服的宗亲，儿媳妇前几年病故，如今全家就只有他儿子这个劳动力，担负着奉养两位老人和抚育两个小孩的家庭重担。

黄一欧军人出身，当然清楚被国民党抓壮丁可能会有什么后果，连忙去找刘保长，并对他说：“黄三爷全家五口，全靠他儿子种田吃饭。你把他儿子送去当兵，他们全家老小四口都会饿死。”基于黄一欧义正词严，刘保长不敢得罪他，只好将人放了。

但黄一欧给人说情并不是毫无原则。他有个远房亲戚在程潜部下任军需官，因为贪污被军法处判了死刑。这个亲戚的家人认为黄一欧和程潜关系不错，恳请他去求情开脱，可没想到不但没有请动，还被臭骂一通，最后那个军需官就是因为贪污20 匹军布而丢了性命。这位辛亥革命前后和民国初期的风云人物，就这样平静地在乡间岳父家生活了六年之久。

相关链接

张学良

张学良，字汉卿，号毅庵，生于辽宁省鞍山市台安县桓洞镇鄂家村张家窝堡屯（旧称桑子林詹家窝铺），奉系军阀张作霖的长子，著名爱国将领。1920 年毕业于东三省陆军讲武堂，在奉系军中历任要职。张作霖在皇姑屯被炸身亡之后，他继任为东北保安军总司令，坚持民族气节，拒绝日本人的拉拢，毅然“东北易帜”，为国家统一和民族团结做出了贡献。后任中华民国陆海空军副司令，陆军一级上将。1936 年西安事变后遭蒋介石父子长期软禁。1990 年恢复人身自由，1995 年离台侨居美国夏威夷。2001 年病逝。

张学良积极主张抗日，反对内战，同杨虎城将军一起发动震惊中外的西安事变，促成国共第二次合作，结成抗日民族统一战线。另外，他风流倜傥，是“民国四大美男子”之一，人称“少帅”，和赵四小姐的爱情也成为一段佳话。

杜月笙

杜月笙，原名月生，后因章太炎的建议改名镛，号月笙，江苏川沙（今上海浦东新区）人。1902 年，杜月笙受到时为青帮上海龙头的黄金荣的赏识，负责经营法租界的赌场“公兴俱乐部”。1929 年杜月笙任公董局华董，这是华人在法租界的最高职衔。1933 年成立自己的帮会组织恒社。1934 年起先后任上海市地方协会会长、中国红十字会副会长、中国通商银行董事长等职。

杜月笙一生政治立场诡诈多变。他曾参与蒋介石发动的“四一二反革命政变”，充当镇压进步工农群众和杀害共产党员的急先锋，因而被南京国民政府任命为少将参议。1937 年全面抗战爆发，杜月笙积极抗日。如淞沪会战期间，动员恒社门生组织别动队协助国军作战，并暗中帮助军统网罗人员、收集情报，协助戴笠建立“人民行动委员会”，策划多次暗杀汉奸活动。抗战胜利前后，他又从个人利益出发，与蒋介石“斗法”上海滩。上海解放前夕，他出逃香港，于 1951 年病逝于香港。

黄乃

黄乃，原名一寰，1917 年 1 月出生，是黄兴的遗腹子，在父亲的八个子女中是最小的一个。母亲廖淡如因极度的悲痛，导致腹中的他早产。

黄乃自幼受父亲和兄长的民主革命思想影响，关心国家的前途和民族的命运。在南京上中学二年级时，黄乃就开始接受马克思主义的启蒙教育，并参加了由中国共产党秘密领导的读书会。1934 年，由于体育课踢足球时不慎眼部受伤，加之手术失败，右眼彻底失明，黄乃被迫休学返湘。

1936 年，在家人支持下，黄乃来到东京，进入日本大学攻读社会科学。其间黄乃加入了中共东京特别支部的外围组织——社会主义青年同盟，由于从事文化救亡运动而曾遭日本政府拘捕。黄一欧为此赶赴日本，设法将他解救出狱。回国后，黄乃穿过敌人的重重封锁，于 1938 年抵达革命圣地延安，次年加入中国共产党。

中华人民共和国成立初期，由于常年疲劳工作于艰苦环境中，他又遭遇了左眼失明之痛。但他凭着惊人的毅力，献身于中国的盲文事业，1952 年终于创制出一套以普通话为基础的盲文方案。1953 年，他与张文秋等创建中国盲文出版社。从此黄乃被人们誉为黑暗世界的“普罗米修斯”。

当周恩来总理得知黄乃设计出盲文初步方案后，亲自接见了黄乃，并握着他的手表示祝贺，鼓励他进一步完善这个方案。当毛泽东主席看到中华人民共和国第一个盲文刊物——《盲人月刊》时，有人告诉他，这套盲文是民主革命先驱黄兴的幼子黄乃设计的，毛泽东高兴地说：“黄乃同志我知道，有创造性。”

经过多年的奔走呼吁和反复修改，黄乃为之倾注了全部心血的盲文方案终于在 20 世纪 80 年代末得到国家语言文字工作委员会的批准实施。这套方案的实施，使近 1000 万中国盲人重新有了明亮的“眼睛”。

1991 年 12 月，黄乃被国务院批准为作出特殊贡献享受政府特殊津贴的专家，他也成为新中国成立以来享受此项殊荣的唯一一个残疾人。

2004 年 1 月 30 日，黄乃逝世于北京。

第八章

此复神州第一功

一、湖南省政府顾问

抗日战争胜利后，黄一欧继续在乡下隐居，过着日益清贫的日子。但国民党方面一些别有用心的人不断来请他出山，想利用他的特殊身份抬高自己的政治地位。还有些原来的老朋友确实想帮助他，也多次来乡下请他重新参政。但不管来人是何种动机，有什么目的，黄一欧都声称自己身体不佳，一律婉言谢绝。

实际上黄一欧已经看清蒋家王朝必然面对的穷途末路，他曾经对来人说："得人心者得天下，失人心者失天下。蒋家政权民怨沸腾，败势已定，我不想再卷入国民党的政治旋涡。"

1948 年 7 月的一天，黄家门外来了一位特殊的贵客，原来是黄兴的老部下、同盟会的老会员，当时出任长沙"绥靖"公署主任兼湖南省政府主席的程潜。这位封疆大吏亲自登门拜访黄一欧，当然有要事相商。

"我知道曾经有多方人物请你出山，但都没有如愿。难道今天我来请你，也是同样的下场，也会遭到拒绝？"双方落座之后，程潜满脸严肃，见面第一句话就开门见山。

程潜的话让黄一欧面有难色，一时无法作答。从 1905 年在日本东京参加同盟会算起，二人已有 40 多年交情。现在黄、程两家还有秦晋之好，他四弟黄一球娶的正是程潜的长女程博德。于公于私，黄一欧此时都到了非出山不可的地步，因此他最终答应程潜的聘请，出任湖南省政府顾问，并在此前后将全家迁往长沙。

黄一欧深知，在如此关键之时重返政坛，得担很大的风险。但是在此时中国正面临两种前途之际，目睹家乡和人民将继续蒙受战争之灾，他和程潜同样于心不忍。

当时程潜在湖南表面高高在上，实际地位却非常凶险，因为蒋介石早已将一批黄埔系的亲信安插在他身边，而且个个手握实权，如李默庵、黄杰在军权之外还兼任长沙“绥靖”公署副主任。素与程潜面和心不和的桂系，在湖南也有很大的势力，桂系第二号人物白崇禧正拥重兵驻扎衡阳。最让程潜难以防范的是军统，他们的人在公署任高参，时刻不离程潜左右，监视着他的一言一行。

黄一欧忠诚可靠，斗争经验丰富，加上熟悉各方重要人物，重新出山之后，很快成为程潜的重要帮手，在对许多重大问题进行决策时，都为程潜提出了十分中肯可行的方案。

二、“三得”与湖南和平起义

1949 年 7 月的一天晚上，书房内的程潜与黄一欧在围棋盘上对弈。他们很早就是棋友，下围棋是双方都喜欢的消遣途径。但这次两人都心事重重，程潜更显得有些举棋不定。

书房案头上正摆着老友章士钊带来的书信，那是毛泽东的亲笔书信，还有章士钊带来的亲口承诺。毛泽东说只要程潜起义，其余的事都好商量。程潜的另一位亲家林伯渠，也尽数蒋介石的不是，极力劝他反蒋起义。前方更有消息传来说，曾在东北四平战场上被陈明仁战败的林彪要报仇雪耻，已经集中四野优势兵力，调来 100 多门大炮，准备进攻陈明仁驻守的长沙。形势十分危急，必须当机立断。

程潜犹豫不决地看着黄一欧，希望他能指明方向。黄一欧审时度势，给老朋友提出自己早已想好的“三得”良方：“打不得，走不得，只和得。”

两军一旦开火，国共双方兵力悬殊，程潜和陈明仁的结局肯定是全军覆没，同时战火一起，肯定会毁掉古城长沙，毁掉无数老百姓的身家性命。想弃城逃走也非良策，因为连蒋介石都逃到台湾去了，大陆上再没有地方可以容身。所以唯一的出路是“只和得”，只有顺应形势举行和平起义。

程潜虽然也认可国民党政权大势已去，但还在犹豫之中，他既不想让家乡人民重遭战火，又不想背上叛蒋之名，更不太清楚手握重兵的陈明仁对和平起义抱什么态度。为此黄一欧多次与陈明仁联系交流，又紧密陪伴在程潜身边，名义上是随程潜到全省视察，实际上是躲避军统特务的耳目。

没有料到，陈明仁这位原本深受蒋委员长宠爱、屡立战功的黄埔高材生，也看透了蒋家王朝的本质，厌倦同室操戈，不忍心家乡人民再遭杀戮，正在考虑现实的抉择。加上解放军大军渡过长江天险，南京丢失，打破了某些人南北分治的想法，因此陈明仁最后下定决心，准备与程潜举行和平起义。

这时，退到台湾的蒋介石也有所耳闻，手下亲信纷纷献计献策。有人主张立即换防，收回所有兵权，调程潜和陈明仁去广州，更有人主张施以暗杀。但蒋介石表示不相信自己的学生会背叛党国，实际上也是鞭长莫及，并没有也无法采取有力的防范措施，只是派人来湖南，鼓励陈将军发扬所谓“四平精神”，再打几个漂亮仗。

陈明仁表面上一口答应，暗中却加紧行动，而且不动声色。为了迷惑台湾方面，他召集所属军政人员训话，声称坚决按国民政府的旨意行事，要与“共军”抗争到底。私下他却和程潜联名与四野的代表谈判，协商和平起义具体事宜。

这时长沙的形势已十分紧张。蒋介石下令安排黄一欧一家去台湾，先是书面通知，看到黄一欧没有理会，既而又派人送来机票，黄一欧同样弃之不用。最后他恼羞成怒派遣“绥靖”公署副主任黄杰亲自上门，准备将黄一欧全家强行送往台湾。

可巧前一天黄一欧正陪着程潜去邵阳视察，家中只有十岁的儿子黄伟民出面接待，让来人扑了空。眼见无法完成任务，手下人怂恿黄杰劫持黄伟民当人质，胁迫黄一欧去台湾，好向上司交代。

黄杰和黄一欧是同乡，还是出了五服的宗亲，对黄兴也非常敬佩。他曾经向黄一欧表示，愿意拿出5000块大洋的巨款修缮黄氏家祠，只要求将自己的名字写进经铿黄氏家谱，让自己成为经铿黄氏家族的一员。只是此事遭到族中老人反对，认为不能随便接纳非本族直系的黄姓人员，此举才没有成为事实。但黄杰心中一直还存着希望，又几次和黄一欧的其他弟妹联络。

这一次的任务令黄杰左右为难，他既不敢违背蒋介石的命令，让黄一欧一家留在长沙，但更不愿得罪家乡的父老乡亲，

20 世纪 60 年代毛泽东接见程潜

特别是还想为自己留条后路。思前想后，他最后还是空手回去，向蒋介石如实报告任务失败。

黄一欧知道情况紧急，为安全起见，赶紧吩咐家人转移到乡下亲戚家中。自己则继续每天都留在程潜身边，让想对他下手的人不敢造次，同时抓紧时间，协助程潜加速筹备和平起义。

1949 年 7 月 31 日，程潜秘密转移到长沙南门外毯子湾胞侄程炯家。当时这里还是一片荒野之地，散居着几户菜农，环境僻静、安全。程潜在这里与方叔章、李明灏等人一道草拟了湖南和平起义通电文稿，将其交程炯的妻子朱启畴送出。8 月 4 日，通电文稿正式由广播电台播发。8 月 5 日，解放军浩浩荡荡进入古城长沙，十万市民夹道欢迎，湖南宣告解放。

三、民革党员

1947年11月，国民党左派的第一次联合代表会议在香港举行。会议决定，“脱离蒋介石劫持下的反动中央”，成立中国国民党革命委员会（以下简称民革）。1948年1月1日，民革在香港宣布成立。

民革成立后，同中国共产党亲密合作，共同斗争。在如火如荼的人民解放战争中，民革各级组织和党员一方面继续大力开展反对国民党统治集团的政治斗争，一方面利用自己同国民党的历史关系，积极进行争取国民党军政人员认清形势、弃暗投明的活动。

1948年4月30日，中共中央发布“五一口号”，号召“各民主党派、各人民团体、各社会贤达迅速召开政治协商会议，讨论并实现召集人民代表大会，成立民主联合政府”，同共产党一道为推翻国民党统治和建立新中国而奋斗。

中国共产党的号召，立即得到了民革的热烈响应。5月5日，民革领导人李济深、何香凝等与其他民主党派人士、无党派人士联名发表通电，表示拥护中国共产党的号召，接受中国共产党的领导，这得到了中共中央主席毛泽东的复电欢迎。

随后，民革领导人陆续北上，来到东北解放区，并于1949年2月后在北平（今北京）会合，参加新政协的筹备工作。1949年9月，民革各方代表出席中国人民政治协商会议第一届全体会议，参与了《中国人民政治协商会议共同纲领》

的制定和中华人民共和国的创建。

除了协助程潜组织和平起义工作外，黄一欧还参加了民革系统的迎解放活动。早在 1948 年 3 月，黄一欧就已经秘密参加了刚成立的中国国民党革命委员会。1949 年初，民革中央派程一中、许松圃等人来湖南开展地下工作，黄一欧也参加了他们的活动，还团结唐生智、仇鳌等辛亥革命人士，共同为解放湖南出力。

黄一欧在回忆录中提到，解放前夕，参加过黄花岗起义的胡国梁曾来长沙找他，说想离开大陆但没有路费。黄一欧对胡国梁说，许多同盟会老会员都参加了唐生智、仇鳌等发起的“和平自救运动”，准备迎接解放，劝胡国梁不要走，并建议他可与同为汨罗人的仇鳌商量合计。胡国梁后于 1950 年病逝于湘。

相关链接

史上任职时间最长的湖南省省长程潜

程潜，字颂云，湖南醴陵（今属株洲市）人。1904 年进入日本陆军士官学校第六期炮科，1905 年加入同盟会，后回国赴川参与新军训练。1911 年武昌起义爆发后，追随黄兴到前线指挥炮兵反攻汉口。此后参与“二次革命”、护国运动、护法运动、北伐战争等。抗战期间，指挥平汉路抗日、兰封会战。抗战胜利后出任武汉行营主任，掌管华中军政。1948 年出任长沙“绥靖”公署主任兼湖南省主席。

1949 年，程潜首倡通电湖南和平起义。中华人民共和国成立后，他曾被选为全国人大常委会副委员长、民革中央委员会副主席等。他自 1952 年被任命为湖南省人民政府主席，后改任省长，一直到 1968 年病逝才卸任，是迄今为止湖南省省长任职时间最长者。

程潜的书法闻名于世，陕西黄帝陵悬挂至今的正门匾额“人文初祖”四字就是他书写的。他与新中国领袖毛泽东的交往也是一段历史佳话。辛亥革命后程潜出任湖南军政府参谋长、军事厅长等职，青年毛泽东当时入伍成了湖南新军第二十五混成协（旅）第五十标第一营左队的一名普通列兵。直到 20 世纪 60 年代初，毛泽东仍念念不忘：“枪上肩、枪放下、瞄准、射击等那几下子，我至今没有忘记，这还是从程颂公指挥的新军那里学来的。”1963 年七十寿辰那天，毛泽东在中南海举行家宴，请了两桌客人。除了自己的亲属外，毛泽东还邀请了四位湖南人，即程潜、章士钊、叶恭绰和王季范，并特意叮嘱厨师为程潜加了两个菜。这份特殊的礼遇，足令后人传唱。

陈明仁

陈明仁，字子良，湖南醴陵人。1924 年毕业于黄埔军校第一期。抗日战争中，他曾参加九江保卫战和桂南会战，又随中国远征军参加滇西对日军反攻作战，率部渡过怒江，攻克号称坚不可摧的松山要塞，夺取回龙山，并乘胜攻克畹町，同在缅北作战的中国驻印军胜利会师，打通中印公路。

1949 年 8 月 4 日他率部在长沙起义，后任中国人民解放军第二十一兵团司令员、湖南省临时政府主席、湖南省军区副司令员、第五十五军军长等职，在广西执行剿匪任务，在广东湛江守卫边防，立下功劳。1955 年，被授予中国人民解放军上将军衔。1974 年因病逝世于北京。

第九章

建设共和新事业

一、参加新中国建设

湖南和平解放后，1949 年 8 月 29 日，根据国共双方和谈代表团会谈形成的协议，湖南人民军政委员会正式成立。程潜任主任委员，黄克诚任副主任委员，萧劲光、王首道、唐生智、陈明仁、仇鳌、金明、唐星、唐天际、李明灏、周礼、袁任远为委员，李明灏兼任秘书长。委聘黄一欧、曹伯闻、王季范、廖启吾、邓飞黄、邓介松、陈浴新、周鳌山、陈长簇、程星龄为顾问。

中华人民共和国成立后，黄一欧积极参加各项改革和运动，投身社会主义建设，先后出任湖南人民军政委员会顾问、湖南省人民委员会委员、湖南省人大代表、全国政协委员、湖南省人民政府参事、湖南省政协副主席、民革湖南省委主任委员等。

1. 参加辛亥革命 50 周年纪念活动

1961 年 9 月黄一欧赴北京出席辛亥革命 50 周年纪念大会，并参加国庆观礼。中共中央统战部安排他住进了当时设备一流的前门饭店，随即安排医生前来检查身体。在北京的那一阵子，保健医生早晚都进房探视，充分体现了会务组织的细致、党和政府对大家的关心。

国庆节那天，黄一欧和各地应邀赴京的辛亥革命老人们来到天安门，同国家领导人站在一起观礼，感受着中华人民共和国成立 12 年来的伟大成就和观礼台下庆典游行群众的自信

黄一欧（二排左三）与参加辛亥革命
50周年纪念大会的部分代表合影

自豪。

当时，前来看望辛亥革命老人的有全国人大，全国政协，中央统战部，民革中央及许多部、委的领导，如时为纪念辛亥革命50周年筹备委员会副主任委员的吴玉章，秘书长邵力子，副秘书长徐冰、张执一、梅龚彬、廖承志、杨东莼，以及在京的辛亥革命老人朱蕴三、张难先、李书城、李六如等。

这次聚会北京的辛亥革命老人中，有黄一欧；有来自广东、跟随孙中山先生多年的同盟会会员姚雨平；有来自上海，同盟会女会员、章士钊的夫人吴弱男；有来自甘肃、在武昌起义时曾炮轰湖广总督瑞澂座舰的文学社社员邱文彬。饱经风雨沧桑后重逢于此时此地，他们不禁老泪纵横，紧紧握手拥抱，久久凝视对方，还把灯打开，相互搀扶着移步灯下窗前，以求更好地端详老友。大家深有感触地说：几十年天各一方，音信杳无，生死全然不知。共产党肯定、尊重辛亥革命，值此50周年之际，召开隆重的纪念盛会，使我们得以相见，梦耶？非梦！又胜似梦！

10月5日，辛亥革命50周年纪念筹委会邀请辛亥革命老人代表几十人游览了颐和园。其中有黄一欧，有孔子第74代后裔、参加过辛亥革命活动的孔令灿，有同盟会会员、当年留日的士官生朱叙五，还有唯一的女代表吴弱男。吴弱男十分兴奋地说：辛亥革命时，她与中山先生是同期由伦敦回来的。这次游园活动中，年龄最大的一位是曾担任四川省首届省议会副议长的唐宗尧，时年85岁。

10月8日，民革中央委员会邀请来京的辛亥革命老人举行座谈会，会议由程潜主持。他说：辛亥革命有着伟大的历史意义，但由于辛亥革命的胜利果实被袁世凯所篡夺，蒋介石又背叛孙中山先生的三大政策，所以，长时期掩盖了辛亥革命的光辉业绩。中国共产党和毛主席一贯推崇孙中山先生的丰功伟绩，赞扬辛亥革命的积极意义。今年在全国范围内隆重纪念辛亥革命50周年，这充分说明了共产党、人民政府对历史的尊重，对孙中山先生和革命先烈的崇敬。

程潜的讲话受到热烈欢迎。接着在会上发言的还有李书城、黄一欧、熊秉坤、王颖（黄花岗起义方声洞先烈的遗孀）。这些老人们说：50年前革命党人所奋斗而未竟的革命事业，在中国共产党领导下彻底完成了。今天，正在建设伟大的社会主义，想过去，看现在，只有拥护中国共产党，感谢伟大领袖毛主席。

老人们还谈到辛亥革命的历史教训，纷纷表示：为纪念辛亥革命，为保持晚节，今后也要积极参加社会主义建设，同时还要坚决反对帝国主义，保卫世界和平，继续为祖国统一贡献力量。

出席这次座谈会的民革中央领导人有张治中、蔡廷锴、熊克武、朱蕴三、邵力子、蒋光鼐、陈绍宽等，还有张难先、周震鳞等在京辛亥革命老人也出席了座谈会。

10 月 9 日晚，一万多人齐集人民大会堂，隆重纪念辛亥革命 50 周年，他们有中共中央和各民主党派、各人民团体负责人及代表，知识分子、首都劳动人民、归国华侨、少数民族代表及全国各地赴京的辛亥革命老人代表。

巍峨的人民大会堂，灯光辉煌，主席台上是毛主席和孙中山先生巨幅画像，两旁并立八面巨幅红旗，主席台前摆满了鲜花和常青树。大会执行主席是周恩来、宋庆龄、朱德、何香凝、沈钧儒、郭沫若、黄炎培、彭真、陈毅、李维汉、程潜、陈叔通、赛福鼎、班禅额尔德尼·确吉坚赞、林枫、包尔汉、阿沛·阿旺晋美、吴玉章、张奚若。在主席台就座的，还有国务院副总理邓子恢、陆定一、罗瑞卿、谢觉哉、张鼎丞、张治中、傅作义等。黄一欧坐在主席台右厢第一排靠中间的座位上。

周恩来总理宣布大会开始，乐队奏起庄严的国歌，许多辛亥革命老人热泪盈眶。接着，周总理讲话，会场不时响起热烈掌声，被许多人视为“没见过的场面”。大家都称赞总理的精神风貌和干练之才，称赞总理是美男子，又是奇男子。

周总理肯定了辛亥革命的功绩，他说辛亥革命推翻了清朝统治，结束了我国两千多年的君主专制制度，使人们在精神上获得了空前的大解放，为以后革命的发展开辟了道路。接着，他向孙中山，向历史上为中国革命事业披荆斩棘，抛头颅、洒热血的先行者们表示敬意。他称道孙中山通过革命实践，吸取经验教训，使自己思想不断进步，在新民主主义革命时期，不顾反动势力的阻挠，毅然接受中国共产党人的帮助，采取了联俄、联共、扶助农工三大政策，使旧三民主义发展为新三民主义，这是一个伟大的、不朽的功绩。

周总理还说：大家感到高兴的是，现在不仅完成了辛亥革命英雄未完成的事业，还实现了一百多年来中国许多仁人志士梦寐以求的伟大理想，走上了社会主义发展的金光大道。周总理号召全国人民团结起来，在中国共产党领导下，为取得社会主义更大的胜利、实现祖国统一、促进世界和平而奋斗。

中共中央政治局委员、国家副主席、辛亥革命 50 周年活动筹委会主任委员、辛亥革命前辈董必武发表了长篇讲话。他讲述了辛亥革命的主要经过，评价了辛亥革命的历史意义，总结了辛亥革命的经验教训。他称辛亥革命是震动世界的大事件，辛亥革命的胜利是成千上万的志士用杀身成仁、舍身取义的精神换来的，英雄们的业绩将永远为后世所尊崇。

董老说毛主席曾讲过，“孙中山先生之所以伟大，不但因为他领导了伟大的辛亥革命（虽然是旧时期的民主革命），而且因为他能够‘适乎世界之潮流，适乎人群之需要’，提出了联俄、联共、扶助农工三大革命政策，对三民主义作了新的解释，树立了三大政策的新三民主义”（《新民主主义论》）。董老对此进一步说：孙中山晚年思想的发展，说明他确实是卓越的政治家。

董老发言后，民革中央主席何香凝代表各民主党派、无党派人士和全国工商联讲话。她说辛亥革命是在列强对我国鲸吞蚕食瓜分豆剖、清政府“宁赠友邦，不予家奴”的双重压迫下爆发的，表现了中华民族的伟大英雄气概。但是由于历史局限性，它没有广泛地发动和组织人民群众的力量来坚持反对帝国主义、封建主义的斗争。1921 年，中国共产党成立了，中国革命面貌一新，找到了一个新方向，走上了一条新道路。她最后说：我们民主党派、无党派人士、工商联对辛亥革命最具有意义的纪念应是更紧密地团结在中国共产党的周围，团结在毛主席的周围，高举“三面红旗”，学习和发扬革命前辈艰苦奋斗的精神，积极为伟大的社会主义事业做出贡献，为统一祖国做出贡献，为保卫世界和平做出贡献。

2. 亲人和“敌人”的见面

1964 年春天，一辆小轿车停在长沙黄一欧家门口，从车上下来一个中年人，自称是湖南省政府交际处的工作人员。原来，北京来了几位特殊的客人，想和黄一欧见面，还要他带上家属。

会见客人的接待任务黄一欧经历得多，经常有辛亥革命老人的后代或者统战工作的有关对象从海外归来，他这位黄兴的长子是非见不可的重要人物。但这回却显得有些不同，以往也从未要求和家属一同参加会见。

刚进接待厅，里面有个 50 多岁、戴副金丝眼镜的瘦高个子，赶紧从座位上站起来，操一口流利的京片子对黄一欧说："我今天到了黄将军墓前……过去我们是敌人，你们父子推翻我家的天下，让我恨得咬牙切齿……"

经工作人员介绍，黄一欧才知这个瘦高个子是中华人民共和国成立后首批特赦的战犯之一——清朝末代皇帝溥仪。他话中的"黄将军"指辛亥革命元勋、葬在长沙岳麓山的黄兴。

黄一欧正不知应该如何回答，这时又有一个身材挺拔、腰杆笔直的中年人走过来对他说："一欧兄，还认得我吗?"

望着对方标准的军人模样，黄一欧上下仔细打量之后，突然浑身一震，不禁高喊了一声："你……你难道是妹夫?"

"你没有认错，我正是耀湘。"对方微微一笑，原来他就是黄一欧堂妹黄伯溶的丈夫，国民党"五大王牌军"之新六军军长，在东北辽沈战场被俘虏的廖耀湘。

十多年不见，这位曾经威风凛凛的将军，除了额头上岁月增添的痕迹，依然是傲骨英风，腰杆挺得笔直，丝毫不像是败军之将。难怪有资料记载，廖耀湘对自己十分自信，曾经骄傲地对身边的人说："从古至今，湖南邵阳只有两位著名人物，一位是蔡锷蔡松坡将军；另一位无须我多说，大家应该知道是谁。"

黄一欧清楚地记得，他们之间最后一次见面还是 1948 年。

廖耀湘赴东北战场前夕，曾亲自开着吉普车，来上海和黄一欧一家告别。在东北被俘之后他一直音信全无、生死不明，想不到今天意外地在这里相见。在这样的场合、这样的环境中，即算是久别重逢的亲人，除了仿若隔世的唏嘘，还能有什么其他感慨?!

会见之后，又安排在宾馆的餐厅进餐。因为溥仪是北方人，爱吃面食，所以摆上餐桌的包点和面条，原材料都是富强粉。这在当时民间是少见的高级食品，连黄一欧这样身份特殊的人，除非逢年过节，平时也没有供应。

溥仪坐在黄一欧身边，水晶镜片后面的两只小眼睛里闪烁着难以捉摸的神情。他用筷子一连夹了几个雪白的馒头，放到黄一欧面前的盘子里。在整场会见中，黄一欧几乎没有发言。

3. “文化大革命”中的经历

黄一欧原本在长沙市坡子街有一栋很大的住宅，大小十几间房，那是他一生的心血，但 1938 年“文夕大火”中被张治中一把大火烧得精光，所以他回长沙后全家一直是租别人的房子居住。

1950 年，黄一欧看中了吴家坪的一栋旧式老屋。这是一栋几十年的青砖大屋，前后两进。前面左右各有一天井、两个小门房。后进是客厅跟厨房、书房和两间卧室。二楼前有杂物间，左右各有两间卧室，后面有两间小客房。

真正吸引黄一欧的不是老屋本身，而是四周安静的环境。吴家坪在长沙市南门外，1920 年黄一欧出任市政公所总理时，把旧城墙拆除，城外才逐渐有了人烟，但三十年过去了，也不过稀稀拉拉的几十户。由于家中开支不小，手头并没有多少钱财，最后东拼西借，又变卖了一些珍藏的字画，黄一欧才凑齐购房款，一家人搬进了新居。

“文化大革命”开始后，黄一欧对林彪、江青反革命集团的胡作非为深为不满，并有所抵制和斗争。加上社会关系方面的历史原因，黄家受到较大的冲击，黄一欧被扣发工资，参加集中学习，批斗成了每天的家常便饭。

黄一欧位于吴家坪的房子几次受到红卫兵的抄家，几乎被抄走了所有珍藏物品，其中包括夫人彭承祉当年结婚时的首饰。但红卫兵不相信如此显赫的家族，只有如此寥寥资产，于是挖地三尺，肆意妄为。

最让黄一欧心痛的是自己珍藏多年的文物，其中包括父亲黄兴的许多手迹，还有其他辛亥元勋的书信和字画，全都被愤怒的红卫兵付之一炬，大火持续燃烧了一天一夜。风吹雨打之中，被挖成危房的老屋无法继续容人居住，黄家一家人被七零八落地安排在几处地方分散居住，后来又搬了多次家。

1971 年深秋的一天晚上，年近八旬的黄一欧躺在一间过路房的破床上，盖着一床没有被套、薄薄的棉絮，默默品味着人生的经历。

这时从门外走进两名穿制服的男人，仔细打量着这间位于前后灌风的走廊中间的小房间，特别是墙角破床上的这位老年人。他们从公文包里拿出资料仔细核对，两人又低声耳语一阵，才迟迟疑疑开口：“请问，您是不是黄老先生？”

黄一欧半天没有回答，一是因为当年在重庆遭遇日本军机空袭，听力受到损害，二是这样客气的称呼已经久违了。他缓缓睁开眼睛望着两位趁夜来访的不速之客，不知又将会有什么祸事临头。

“请问，您是不是黄一欧黄老先生?”来人中戴眼镜的那位，又提高声音问了一句。

这下黄一欧完全听清楚了，于是这才慢吞吞地坐起来回答：“我……我就是黄一欧。不知你们有什么吩咐?”

“您真的是黄老先生，您怎么……我们是从中央统战部来的，有重要事情要和您商量。”来人说到这里突然转换话题。也许他原本十分惊讶，打算询问赫赫有名的辛亥革命元老怎么会住在这里，怎么会落到如此境地，但马上想到当时全国的大环境，所以赶快说明来意。

通过来人叙述，黄一欧才知是破天荒的好事。原来几十年未通音信的妹夫、小妹黄德华的丈夫——当年经香港转去美国的薛君度，已成为中美关系正常化进程中最早访问中国大陆的美籍华人知名学者之一，不久之前来到北京，而且点名想会见黄一欧。

中央统战部立马派人来长沙，几经辗转终于在这间家徒四壁的过路房中，找到了几十年前曾担任这座城市首任行政长官的黄一欧。他们赶紧赔礼道歉，检讨工作不到位、对老人关怀不够，并保证马上向有关部门反映，尽快改变现实的处境。有了这股海外飞来的动力，黄一欧的处境有所改善。有关部门赶紧拨了两间房子，还配置了一些家具，作为黄一欧会见薛君度的地方，黄家大小也终于得以团聚。

二、民革湖南省委主委

“文化大革命”后，黄一欧重新焕发活力，他坚决拥护中共中央十一届三中全会的路线、方针、政策，对祖国的前途充满信心，为完成祖国统一大业做着不懈的努力。1977 年 11 月，他当选为湖南省政协副主席，1978 年任民革湖南省委临时领导小组组长，1979 年当选为民革中央委员，1980 年任民革湖南省委主任委员。

1979 年，曾任毛泽东主席秘书的李锐从劳改地方回来，到长沙看望他 90 岁的母亲。一从母亲那里出来，他转身就到医院去看望住院的黄一欧。黄一欧见到李锐非常高兴，因为他一直认为后者像极了其父、同盟会老会员李积芳，脾气性格都像，异常耿直，一点也不圆滑。李锐后来写的书里，也频频谈及他和黄一欧兄弟般的关系。

辛亥革命打倒了中国几千年来高高在上的皇帝，可是皇权思想根深蒂固。民国时期，各地涌现了大大小小的军阀，个个想当独霸一方的皇帝。他们大打出手，荼毒人民。北伐就是这种情形下的必然产物。

1921 年 5 月，孙中山重新树起护法旗帜，在广州就任中华民国非常大总统，并准备北伐。黄一欧将这个好消息告诉了同乡兼战友李积芳，李氏一听，激动得不得了，认为国家有救了。不想乐极生悲，他半夜回家心脏病就犯了，医生赶来却忘记带急救药，以致李氏竟然不到 40 岁就去世了。民初中国存在3000多个政党，我们可以从张玉法所编的《民国初年的政党》所载国会议员名单里面找到李积芳的名字，他的选区为湖南平江，代表国民党。

比黄一欧小25岁的小弟弟黄乃是李锐的小学同学，两人私交笃密。黄乃回忆道，李锐小时候聪明异常，头又大，所以同学称他为“大脑壳”。李锐回忆说，有次考试黄乃名列第一，他第五。在李锐等人的影响下，黄乃1938年奔赴延安，成长为一名忠诚的共产党员，为了理想，把自己的一生献给了党。晚年他们都住在木樨地部长楼里。廖承志、李锐和黄乃这几个国民党元老的子弟私交都不错，友谊愈久愈醇。

友情总是能穿越岁月的打磨。辛亥革命70周年前夕，年近九十的黄一欧于1980年10月奋力完成了一篇长达万余字的《辛亥杂忆》，深情回忆了许多当年的战友。

《辛亥杂忆》中特别记述了黄一欧和父亲与宫崎家的往事，并为此生再也未能前往日本瞻仰鹤见总持寺的“黄君克强之碑”和为纪念孙中山、宫崎寅藏友情修建的文虎社而深表遗憾。不料一语成谶，1981年1月12日，他老人家因病逝于长沙，终年89岁。

三、传奇的时代先锋

黄一欧一生可谓饱经沧桑，备尝艰辛，但他赤诚报国，矢志不渝。让他和家人感到欣慰的是，从辛亥革命到中华人民共和国成立，再到改革开放、国家繁荣富强，黄一欧终于亲眼看见自己终身为之奋斗的理想在东方大地得以实现。黄一欧在长沙安度晚年，一享太平，并将余生致力于祖国统一大业。

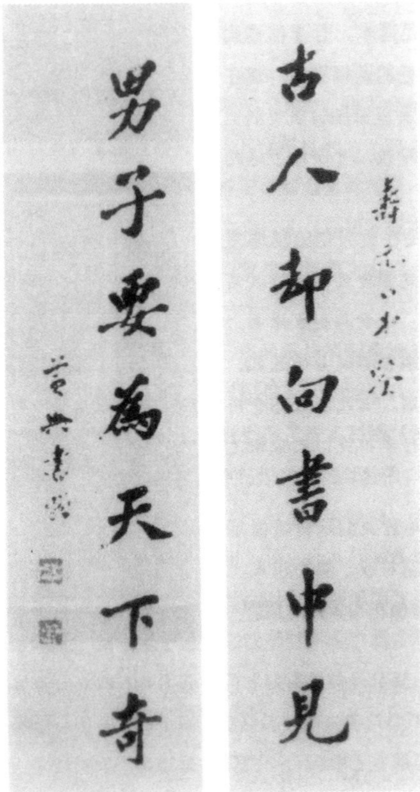

黄兴手书“古人却向书中见，男子要为天下奇”

黄一欧是中国共产党的真诚朋友。青少年时代起，他即投身于民主革命的洪流，追随伟大的革命先行者孙中山和父亲黄兴，积极参加辛亥革命，参加了著名的黄花岗起义和辛亥上海光复起义、辛亥南京光复之役，继而参加了护国讨袁、护法、北伐战争、反蒋活动等，为中国的民主革命做出了较大的贡献。

中华人民共和国成立前夕，他协助程潜组织湖南和平起义。这一壮举，不仅使湖南人民免遭战祸之苦，而且对促进华南、西南、西北的解放产生了重要影响，加速了全国解放的进程。

中华人民共和国成立以来，黄一欧积极参加各项改革和运动，投身社会主义建设。他捐献了一批有关辛亥革命的珍贵文物，积极撰写了有关黄兴和辛亥革命的回忆录。他同中国共产党真诚合作，对人民的事业表现出很高的热忱和负责精神，为湖南的社会主义革命、社会主义建设和改革开放，为巩固和发展统一战线，为祖国统一大业，做出了重要贡献。

黄一欧一生处处都充分体现了黄兴“笃实”“无我”的精神和家风。黄兴早年致胡汉民的信中说过：“名不必自我成，功不必自我立，其次亦功成而不居。”这句话深深体现了这种精神，而这种精神，也一直在黄氏后人中一代一代延续。

相关链接

廖耀湘

廖耀湘，号建楚，1906 年生于湖南邵阳。

1926 年，廖耀湘考入黄埔军校第六期骑兵科，公费留学法国圣西尔军校。留学期间，他经朋友介绍认识了黄兴的侄女、同在法国留学的黄伯溶，两人于 1934 年完婚。黄伯溶早年就读于金陵女子大学，因为热爱艺术而留学法国，婚后生育一子廖定一，随丈夫回国后因为抗战、解放战争而聚少离多，后辗转到了台湾，晚年赴美定居，2008 年以 103 岁高寿去世。

1936 年，廖耀湘以机械化骑兵专业第一名的成绩毕业。同年回国，先后参加淞沪战役、南京保卫战、昆仑关战役、中国远征军赴缅作战、湘西会战等。岳父黄寿仁作诗称赞他说：

“征缅军从绝域过，居然振旅到恒河。一朝回马真无敌，羽檄交驰捷报多。”1948 年 10 月，廖耀湘在辽沈战役中被中国人民解放军俘虏。

1956 年 1 月，廖耀湘被送到功德林改造学习，1961 年被最高人民法院特赦释放，后当选为全国政协文史资料委员会委员、全国政协委员。1968 年病逝。

薛君度与黄德华

薛君度，原名炯棠，1922 年出生于广州，辛亥革命研究专家、历史学家、国际问题专家以及杰出的社会活动家，1952 年与黄兴的小女儿黄德华结婚。

黄德华 1913 年 2 月 23 日出生于长沙文星桥。“二次革命”失败后，襁褓中的她随继祖母、母亲及兄长姐姐们举家逃往日本，直到 1916 年袁世凯倒台后才返国回湘。高中毕业后，她先是求学于金陵大学经济系，毕业后去美国哥伦比亚大学留学。新中国成立后多次返国探亲。2002 年 11 月 22 日病逝于美国华盛顿。

值得一提的是，黄家子弟与哥伦比亚大学渊源颇深：黄兴的长子一欧、养女文华（马来西亚共产党的创建人之一）、大女儿振华、小女儿德华及其丈夫薛君度均曾就读该校。

薛君度 1946 年进入新加坡莱佛士学院攻读英国文学，1949 年自费赴美国深造，进入哥伦比亚大学攻读，先后获政治系硕士学位、哲学博士学位。其博士论文《*Huang Hsing and the Chinese Revolution*》经修改后于 1961 年以专著形式出版，中译本《黄兴与中国革命》由杨慎之翻译，于 1980 年由三联书店出版，成为研究辛亥革命和黄兴的必读经典。

薛君度热心教育和公益事业，历任中、美、英、俄等多国知名大学的客座教授，在美国哥伦比亚大学和中国南京大学设立“薛君度讲座教授基金”，还多次捐款捐物给南京大学、英国剑桥大学等。他学识渊博，对于法律、政治、经济、外交以及国际战略和华侨史等诸多领域均有很深的研究，并著有中英文论著 30 多部，是从事社会科学研究的著名美籍华人学者。2016 年 6 月病逝。

第十章

笃实无我

“笃实”“无我”，是黄兴写给长子黄一欧及其他子女的家训。

“笃实”，诚实守信。宋代理学宗师朱熹有“欲当大任，须是笃实”一语传世（《近思录·处事之方》）。黄兴的一生，就是笃实的一生。书赠黄一欧等子女，是他对孩子的督察、教导，更是他对孩子报效社会、为国为民的期待。

“无我”言简而意赅，佛家、道家和儒家对此自有多种理解，诸如：物我两忘，天人合一；诸行无常，诸法无我；心无旁骛，心无杂念等。黄兴作为民主革命家，他的理解最为简捷，就是心中没有装着自己。如果说“无我”是佛、道二家的化境，那么伟大的民主革命家黄兴则臻于一种崭新境界。

黄兴不计较名位。他有一句名言：“名不必自我成，功不必自我立，其次亦功成而不居。”实际上，这句话就把黄兴的“无我”和“笃实”精神充分地包含在里面，同时也是他伟大而光辉的一生的诠释。

黄兴不在乎财产。为了革命，他曾两次变卖家产。

第一次变卖发生在1903年。坐落在今长沙县黄兴镇浏阳河畔的黄兴故居纪念馆，前身是当作祖业传承的黄家庄园。加上护庄河、水塘、花园等，当时黄家庄园面积将近2.4万平方米。

为了创立华兴会和筹措长沙起义的军费，黄兴变卖祖产，柳大任、彭渊恂、刘揆一、龙璋、杨守仁等人也筹措到一些款项，共筹得23000余元，作为购买军械的专款，准备购长枪

500 支、手枪 200 支。通过说服家人，他卖掉了祖屋，还卖掉了乡下 2000 多亩的土地，祖产祖业为之一空。

第二次变卖发生在辛亥革命后。1912 年民国成立后，黄兴写信给继母，劝说她和家人尽快搬离长沙文星桥三户里的住宅，因为“现住之宅院，今已捐入国民党”，用作国民党湖南支部筹备选举。

于是，黄兴一家人搬到靠近湘江边的一处出租房内，而此时，妻子廖淡如正怀有身孕。为了安慰妻子，黄兴给房子取了一个很诗意的名字——“绮霞阁”。也正是因为长年居无定所，长期陪侍在母亲廖淡如身边的黄一中小小年纪就锻炼出了照顾家庭、应付搬家等“当家人”才干，在许多事情上解除了在外奔波的父亲黄兴、兄长黄一欧的后顾之忧。

正是由于黄兴的言传身教，从 12 岁开始流亡、在父亲身边时间最久的长子黄一欧努力践行着父亲传下的家训。

髫龄方过，黄家庄园的嫡长孙黄一欧即离开家乡，跟随父亲投身革命风暴。长沙起义的刀光剑影，流亡日本的颠沛流离，父亲率领志士在国内浴血起义的英勇事迹，让他迅速成长。14 岁那一年，经孙中山、章太炎介绍，黄一欧加入中国同盟会，成为同盟会当时年龄最小的会员。

“古人却向书中见，男子要为天下奇。”在民主革命斗争实践中，黄一欧成为父亲和孙中山的得力助手，在辛亥革命前后多次立下功劳。

在辛亥革命南京光复之役前夕，黄一欧收到父亲手书八个大字的家信：“努力杀贼！一欧爱儿。”他为此而激情澎湃，奋勇报名参加敢死队展开了强攻天堡城之战。走下战场，远离镁光灯，黄一欧将功劳让给别人，毫不提及自己的表现。他只收藏了天堡城之战的几个炮弹筒并在上面刻字留念。其中一个炮弹筒，在黄兴去世时黄一欧将其送入父亲墓中陪葬。

当武昌起义胜利，成立中华民国、推翻清王朝后，黄兴不但自己不肯功居首位、继续甘当配角，同时还勉励同样深孚人望的长子黄一欧打破个人名利的羁绊，急流勇退、向学深造。黄兴说：未来国家缺少的不是官僚，而是有真才实学的建设人才。

黄一欧理解父亲的良苦用心，感受到父亲的深沉期望，于是谨遵教诲，毅然辞掉高官厚禄，放弃少将军职，于 1912 年冬赴美留学，进入纽约哥伦比亚大学攻读外交与经济，立志要做“新共和国建设人才”。但随着革命形势的新发展，在黄兴联系国内外革命力量反对袁世凯称帝、倾力捍卫民主共和的关键时刻，黄一欧再度毅然放弃个人追求，终止学业，投身于革命斗争中。

1916 年黄兴英年早逝后，黄一欧始终牢记父亲的教诲，致力于为国为民扎扎实实办实事。

1920 年 12 月，黄一欧出任长沙市政公所总理，第一件事就是编制《长沙市政计划书》。从西汉初期到民国初年，长沙城区面积仅扩大了两倍多，而黄一欧主持制订的这个计划，可一举将长沙城区扩大近 20 倍，反映了他将家乡建设成现代化大都市的满腔热情和长远眼光。

1929 年黄一欧在任天津特别市政府参事兼特一区公署主

任期间，再次努力施展其改良社会、建立现代都市文明的抱负。他关闭妓院，取缔赌场，整肃吏治，移风易俗，诸种施政措施极得民心。老百姓夸他是难得的清官，不愧是黄兴的儿子。

蒋介石登上权力巅峰后，日甚一日的独裁作风激起很多辛亥革命元老的不满。黄一欧同样如此，因而参加了一系列反蒋活动。抗日战争爆发后，不满于国民党政权消极抗日、积极反共的政策，黄一欧日益远离政治，1943 年即借口病休悄然返湘、遁隐乡下。

1948 年 3 月，黄一欧在长沙秘密参加了刚刚成立的中国国民党革命委员会，随后在程潜的邀请下出任湖南省政府顾问，为湖南人民免除战争疾苦、争取湖南和平解放而努力。

由于黄一欧参与的都是一些高度机密活动，同时秉承父亲“笃实”“无我”的家训，长期以来关于湖南和平起义他鲜少提及自己扮演的角色，但他做出的贡献是不可忽视的。湖南和平解放后黄一欧等 10 人被聘为湖南人民军政委员会顾问，黄一欧名列第一，由此可见其在湖南和平起义中发挥的作用及贡献。

中华人民共和国建立后，黄一欧积极投身社会主义建设，将自己珍藏多年的、有关辛亥革命的许多历史文物捐献出来。改革开放后，黄一欧利用自己的特殊身份和海外关系，为促进祖国统一做了大量工作。临终前，他交待儿子黄伟民说：“我死后不要麻烦政府。把我和你母亲埋在一起，墓碑上只写我和你母亲的名字，不要写墓志铭之类的文章。历史自有公断，黄家的事情，让外界评说去吧。”

“笃实”“无我”是黄兴身体力行的家训，他又把这样的家风家训言传身教于子女。受此熏陶和激励，以黄一欧为代表的黄家儿女发扬父辈作为辛亥元勋的革命奋斗精神和优良品德，在种种诱惑面前，立场鲜明且坚定不移，始终坚持民族大义，赤诚报国。

《大学》有语：“所谓治国必先齐其家者，其家不可教而能教人者，无之。”父亲黄兴将个人生命的价值、将家庭的前途命运与国家和民族的前途命运紧密相连，黄一欧和弟弟妹妹们也丹心许国，致力于为国家、为民族、为人民做实事，在民主革命时期和社会主义建设中做出了不可磨灭的贡献。

“笃实”“无我”贯穿黄一欧的一生，他在各个方面都表现出了高尚的品格和情操，不愧为黄兴之子，从而永远受到人民的尊敬。

相关链接

黄一中

黄一中，又名厚端，黄兴次子，1901 年 6 月 27 日出生。1914 年，黄一中去日本求学，像哥哥黄一欧当年那样寄住在黄兴好友宫崎寅藏家中。先入东京晓星中学，后入东京第一高等学校留学生预科学习。1921 年毕业后，在熊本第五高等学校学习。1925 年，转入京都帝国大学经济系，与廖承志、李初梨、彭康等同窗求学，1928 年大学毕业。

回国后，黄一中先后任财政部关务署科长，国民革命军第十一军政治部主任，铁道部专员，内政部专员、首席参事等职。主持编写了全国《户口统计》《警政统计》《卫生统计》《土地面积统计》《仓储统计》等多种统计书籍，带领同事经过努力，在中国历史上第一次较为准确地统计出全国人口数字为4.5亿，这个数据一直沿用至中华人民共和国成立初期。

1949年解放战争胜利前夕，黄一中与兄长黄一欧同时选择留下，姐姐黄振华则将父亲的相关资料装成两箱行李，准备登机赴台。由于最后一班飞机只允许上人，行李被强行抛下，她急忙打电话给离得最近的黄一中。黄一中闻讯赶来，及时保住了这两箱珍贵的资料，可惜“文革”开始后，这些资料由于红卫兵抄家而毁坏流失了。

1978年十一届三中全会召开后，黄一中曾担任苏州市政协委员、全国政协委员、民革苏州主委、民革中央监察委员等。1991年3月逝世于苏州。

附录一

黄一欧生平大事记

1892 年　出生

黄兴时年 18 岁，廖淡如时年 19 岁。

10 月 22 日（九月初二），出生于凉塘黄家庄园（今属湖南省长沙市长沙县黄兴镇黄兴新村）。

1893 年　1 岁

黄兴入长沙城南书院读书。

1894 年　2 岁

11 月 24 日，孙中山创建兴中会于美国檀香山。

1895 年　3 岁

4 月，中日《马关条约》签订。

5 月，康有为联合各省会试举人“公车上书”。

1896 年　4 岁

黄兴应长沙府善化县县考，中秀才。

11 月 4 日，黄振华出生于石家河黄家旧屋（离凉塘黄家庄园约七里路，今属湖南省长沙市长沙县黄兴镇黄兴新村）。

1897 年　5 岁

祖父黄式翥（筱村）逝世。

到外祖父廖星舫家插班借读。

1898 年　6 岁

6 月 11 日—9 月 21 日，光绪皇帝实行“戊戌变法”。

黄兴调湘水校经堂新生，复调武昌两湖书院深造。

1899 年　7 岁

10 月，受湖广总督张之洞的选派，黄兴赴日本考察教育。

1900 年　8 岁

8 月，八国侵华联军攻入北京。

黄兴由日本回国，返乡探亲。

1901 年　9 岁

6 月 27 日，黄一中出生于长沙石家河。

7 月底，黄兴携妻儿迁居长沙城区，后购房居住于文星桥三户里。

9 月，《辛丑条约》签订。

1902 年　10 岁

黄兴受张之洞选派赴日留学。6 月抵达东京，后入宏文学院速成师范科。

1903 年　11 岁

7 月，应胡元倓聘请，黄兴到明德学堂任教。为方便出行，租住于附近的紫东园。

11月4日，黄兴策划成立华兴会。

1904年　12岁

入明德学堂小学乙班读书。

2月，日俄战争爆发，战事首先在中国东北境内燃起。

10月，长沙起义事泄失败，黄兴出走日本。身为黄兴长子，黄一欧不得不四处躲避清廷抓捕。

1905年　13岁

8月，中国同盟会成立，推举孙中山为总理。黄兴由总理指定为执行部庶务，居协理地位，11月离开日本，往南洋等地筹划起义。

12月，抵达日本东京，居无定所。

1906年　14岁

12月，加入中国同盟会，孙中山、章太炎担任入会介绍人。

1907年　15岁

2月，黄兴拜访宋教仁，诚邀其为黄一欧教授汉文。

寄住在宫崎寅藏家读小学，后到陆军小学接受军事教育。

1908年　16岁

继续求学日本，协助同盟会处理日常事务。

1909 年　17 岁

10 月，同盟会南方支部在香港成立。

继续求学日本。

1910 年　18 岁

2 月，获知广州新军即将发动庚戌起义后迅速离日抵港，准备参加起义。

4 月，从香港返回东京。

1911 年　19 岁

2 月，从日本护送军火运抵香港的同盟会南方支部。

3 月，与陈方度等四人奉令打入广州巡警教练所。

4 月，黄花岗起义爆发，与黄兴等一起参与作战，起义失败后辗转潜逃香港。

夏季，返国回湘组织野球会于长沙明德学堂，宣传革命思想。后因事泄，逃亡日本。

10 月 10 日，武昌起义爆发。28 日，黄兴自海外火速进抵武昌，被推为战时总司令。

11 月，上海光复起义，任沪军先锋队副司令。

12 月，南京光复起义，报名参加敢死队，强攻夺占天堡城。

1912 年　20 岁

1 月，中华民国临时政府成立，孙中山当选临时大总统。

2 月，清帝宣布退位。

3 月，袁世凯“当选”临时大总统，任命黄兴为南京留守。

8 月，在上海就医的同时加入中国国民党。

12 月，以湖南公费留学生资格赴美留学。

与同乡李盖吾之女李兴亚结婚。后来两人长期分居，李兴亚曾收养一女，为其取名黄纯芝。

黄一美出生。其母徐宗汉，其妻张瑛，张继之女。

1913 年　21 岁

入纽约哥伦比亚大学攻读外交与经济。

2 月 23 日，黄德华出生于长沙。

3 月 20 日，宋教仁遭暗杀。

7 月，“二次革命”爆发，一个月后即告失败。黄兴、孙中山逃亡海外。

1914 年　22 岁

7 月，黄兴应孙中山要求“静养两年”，离开日本抵达美国，与黄一欧、黄振华、李兴亚团聚。

1915 年　23 岁

9 月，蔡锷派人专程送达密函给黄兴，商讨反袁。三个月后，他在云南发动护国战争。

10 月，按照父亲安排终止学业，自美赴日，与张孝准、石陶钧等设法帮助蔡锷脱险赴滇，并协调争取孙中山、日本军政各界对护国战争的支持。

1916 年　24 岁

随着护国战争的胜利，跟随黄兴回国，抵达上海。

10 月 31 日，黄兴逝世。

11 日 8 日，蔡锷逝世。

黄一球出生。其母徐宗汉，其妻程博德，程潜之女。

1917 年　25 岁

1 月，黄乃（一寰）出生。

11 月，护法运动爆发，任湘省铁路警备司令。

1918 年　26 岁

4 月，应胡汉民之请，前往广东中华民国军政府任参事。

1919 年　27 岁

5 月，五四运动爆发。

10 月，从广州回长沙。

1920 年　28 岁

11 月，前往上海拜见孙中山，按其指示开展倒谭活动，最终驱走湖南都督谭延闿。

12 月，出任长沙市政公所总理，为长沙首任市级行政长官。

1921 年 29 岁

7 月，中国共产党成立。

主持长沙市政公所。编制《长沙市政计划书》。

1922 年 30 岁

主持长沙市政公所。引进先进技术，改善百姓生活。

1923 年 31 岁

在长沙市政公所下设马路工程处，大力兴修马路。

辞去长沙市政公所总理一职。

1924 年 32 岁

中国国民党与中国共产党实现合作，北伐战争开始。

任川军北伐军第一路司令。

1925 年 33 岁

任广州国民政府参事。

1926 年 34 岁

任汉口国民政府参事。

1927 年　35 岁

任安徽省榷运局局长，主持淮盐盐政。

1928 年　36 岁

受南京政府委派，前往北平（北京）接管原总统府等中央机关。

1929 年　37 岁

1 月，作为国民党中央代表赴沈阳，与张学良商讨东北地区国民党党务。

8 月，继祖母易自易病逝于长沙。

赴山西劝和阎锡山、冯玉祥。

任天津特别市政府参事兼特一区公署主任。

参与创办《坦途》杂志，参加一系列反蒋活动。

1930 年　38 岁

3 月 21 日，联名发出倒蒋通电。

5 月中原大战爆发。9 月张学良派兵入关支持蒋介石，反蒋联军全线溃败。

与彭承祉结婚。

1931 年　39 岁

接受孙科邀请，南下广州，任广东省政府政务委员会委员。

九一八事变爆发，成为中国人民抗日战争的起点。

1932 年　40 岁

“宁粤合流”，孙科主政南京国民政府行政院、立法院等。

接受孙科荐任，任立法院立法委员。

1933—1942 年　41—50 岁

为纪念黄兴来此视师讲武，武昌蛇山奥略楼前竖立一座黄兴雕像，这是全国省会城市竖立的三大黄兴雕像中的年代最早者（另两处为长沙、上海）。黄一欧携带家人出席雕像落成仪式。

积极参加抗战。后随迁重庆。

1935、1937 年，黄曼西、黄伟民先后出生。

1939 年，廖淡如病逝于重庆。

1943—1947 年　51—55 岁

以病休为名离职，悄然返湘，隐居湘乡荷叶塘。

1944 年，徐宗汉病逝于重庆。

1945 年 8 月，日本投降，中国赢得抗战胜利。

1948 年　56 岁

3 月，秘密加入中国国民党革命委员会。

7 月，接受程潜聘请，任湖南省政府顾问。

积极参与策划湖南和平起义，为和平解放湖南做出了贡献。

1949 年　57 岁

8 月，湖南和平解放，任湖南人民军政委员会顾问。

10 月 1 日，中华人民共和国成立。

1950—1976 年　58—84 岁

当选为湖南省人民委员会第二、三届委员。

当选为湖南省政协第一、二、三届委员会常委。

1951 年，黄一美去世。

1954 年，当选为湖南省第一届人民代表大会代表。

1964 年，黄一球去世。

1966 年“文化大革命”爆发后，遭受冲击。

“文革”结束后，任湖南省人民政府参事。捐献了辛亥革命相关的许多珍贵历史文物，撰写了有关黄兴和辛亥革命的回忆录。

1977 年　85 岁

11 月，当选为湖南省政协第四届委员会副主席。

1978 年　86 岁

任民革湖南省委临时领导小组组长。

当选为全国政协第五届全国委员会委员。

12 月，十一届三中全会召开。

1979 年　87 岁

任民革中央委员会委员。

1980 年　88 岁

任民革湖南省委主任委员。

1981 年　89 岁

1 月 12 日，在长沙病逝。

附录二

黄兴故居恢复实录

长沙城往东约 20 千米，浏阳河畔的东岸，晚清时期善化县龙喜乡凉塘枕山襟水，垄亩交错，绿树成阴，东山山脉蜿蜒天际。坐落在凉塘周边的农舍村落中，屹立着一处古朴典雅的大庄园，这就是辛亥革命伟人黄兴的祖宅。

黄家庄园始建于 1864 年，背靠浏阳河，面朝鹿芝岭，位于一片地势开阔的小山坡上，占地 2.4 万平方米，大小房间 53 间。

庄园外周有一条宽 5 米的护庄河，河道总长约 1600 米。护庄河接通大凉塘、小凉塘、门前塘三口大池塘，长年水波荡漾、水势畅通。因四周林木茂密，地下水资源丰富，墙面常年清凉，故此地得名凉塘。

庄园正南面的八字槽门（前门）修有一条很长的麻石路，往东延伸到接驾岭下，往西通到杨梅河（浏阳河支流）。庄园槽门位于门前塘与大凉塘之间，门额大书一“乾”字。该字语出《易》:“乾，天也。”“天行健，君子以自强不息。”

槽门两侧书有“惠风和畅，化日舒长”的对联，上联出自东晋王羲之《兰亭集序》，下联常见于唐宋诗词中，反映了一种勃勃生机、太平安宁的气象。

槽门后是一个由三合土筑成的小场坪，面积 100 多平方米。小场坪后是正门，门额上书写一“福”字，两侧为堆漆对联“蒙庆受福，长乐永康”，典故出自《易经》《焦氏易林》《尚书》等，表达了天时、地利、人和相得益彰的祝福。

大院内有类似今日门厅的过堂屋和客厅的正堂屋。过堂屋与正堂屋中隔天井，并用中门隔断。中门平日不开，有尊贵客人来访及重大礼仪活动时方可打开。过堂屋两边各摆放着数张三米长的条凳，供来访客人暂歇。正堂屋内的家具十分考究，太师椅和茶几为红木雕花家具，迄今100多年了仍很结实。

两边厢房堂屋门额分别书写着“南轩”和“稼圃”。南轩既指房屋的方位，也是书房的代称。南轩为主人的居住区，另外还有教室和学生休息室。稼圃是庄园长工和佃户居住区，另有谷仓等设施。

1980年，黄兴长子黄一欧（时任湖南省政协副主席、湖南省民革主委）出于对祖屋的眷念，想寻找黄兴故居遗迹，择机重建黄兴故居，以保留一段已经逝去的历史。此时的黄一欧已有88岁高龄，行动不便，就派儿子黄伟民前往寻访。

黄一欧提供给黄伟民的线索不是很多，仅仅强调说“那个地方尽是树，有枫树、樟树，还有竹子，一眼看不到房子。祖屋就在那里”。根据父亲的提示，黄伟民多次前往寻找祖屋遗迹。几经变迁，黄兴故居所在地已变成一个20多户人家的小村落。根据黄伟民所拍的现场照片，结合自己的记忆和一些历史资料记载，黄一欧辨认出了凉塘黄家庄园老屋的主体建筑。

此时的故居破旧不堪，故居主体建筑里面住的6户人家正想拆旧建新，故居主体建筑已成危房。在这个危急时刻，黄伟民通过多方途径获知全国人大常委会副委员长王首道正好回了湖南。

王首道是湖南浏阳人，1949年曾参与湖南和平起义的具体组织工作，后来曾担任湖南省人民政府主席。黄伟民马上给他写了封信，汇报了黄兴故居即将被拆毁的情况，希望根据黄兴在中国历史上做出的贡献，能够把他的故居作为文物保护单位保留下来。王首道当即作出批示："必须保留黄兴故居。"但是住在故居内的农户没有迁出，如果他们要破坏或拆掉房子，终究还是拦不住。

黄伟民放不下心，在 1981 年全国两会和辛亥革命 70 周年纪念大会期间，又给王首道写信汇报故居近况，提出能不能在保留黄兴故居的基础上成立黄兴纪念馆。王首道很重视，就此事与时任中共湖南省委书记毛致用进行了交流。毛致用当即同意成立黄兴纪念馆，由政府出资 9 万元，迁出农户。

对于黄家来说，这是一个喜讯。但是，由于当时资金紧张、一时之间不能拨付到位等原因，住在故居里的一些农户为了修建新宅，擅自拆掉了故居横屋、偏房 40 多间，只留下 12 间正屋和周围房屋的基脚。

皇天不负苦心人。在这一年，政府出资对这 12 间正屋进行修复和陈列复原。为了使故居更好地体现原貌，黄伟民把祖传 28 件珍贵家具无偿捐献和摆放在故居，其中有红木家具、黄花梨家具等珍贵文物。这些都是黄氏祖先留下的明清家具，都有几百年历史，件件价值连城。

据说有一天，故居参观者中来了一位马来西亚富商，他的父祖辈是同盟会会员，曾为孙中山和黄兴领导的反清革命捐过不少款项。他站在一个整块小叶紫檀木雕花柜门的大衣柜旁边，轻轻抚摸着柜门上精美的花纹，久久不肯离开。过了一阵，他突然对故居纪念馆的馆长表态，愿意花 300 万美元买下这张大衣柜。

见馆长没有回答，这位富商随即又补充一句：为了不影响游人参观，愿意再复制一张一模一样的赝品无偿送给纪念馆。不料馆长望着那位马来西亚访客微微一笑，然后幽默地说："先生出的价钱真让我动心，不过我还不想后半辈子都在监狱中度过。"

1980 年至 1981 年，黄兴故居第一期修复工程完成，主要修复了正屋 12 间。1980 年，黄兴故居纪念馆成立。1981 年，故居被湖南省政府公布为省级重点文物保护单位；1988 年，被国务院公布为全国重点文物保护单位。

2001 年，在相关部门特别是长沙县委、县政府的大力关心与支持下，黄兴故居进行了自 1981 年以来投入最大的一次装修维护工程。国家文物局和长沙县人民政府一共投入 40 多万元，修复并恢复了与 12 间正屋相连的横屋 41 间，以及故居门前的麻石官道。其中西厢房为黄兴三位姐姐的房间，取名"南轩"；东厢房为当时佃户所住的房间，取名"稼圃"；另外还有牛碾房、谷仓、厨房等。这大大小小 53 间房的修复，基本展现了黄兴祖屋的风貌，但现状占地仅 4000 平方米的建筑还只是当年黄家庄园规模的 1/6。

2004 年，黄兴故居第三期修复工程完成，主要修复了护庄河和后花园，并在故居东厢房布置了黄兴生平事迹陈列。至此，黄兴故居全面恢复了南方典型农家庄园的风貌。

2017 年黄兴故居纪念馆提交的《关于审批黄兴故居保护

规划的请示》（湘文物报〔2017〕49 号）文件已获得国家文物局文物保函〔2018〕1039 号文件批复，原则同意所报规划。现已根据批复意见修改并报湖南省人民政府备案，后续待省人民政府公布后将其纳入国土空间规划，积极组织有关部门逐步落实。

2019 年黄兴故居纪念馆申报《黄兴故居修缮工程项目计划书》已获国家文物局批复同意，现正编制《黄兴故居修缮工程勘察设计方案》。一旦方案获得批准，将有利于争取国家对黄兴故居保护更大的投入。

黄兴故居纪念馆自 1981 年对外开放以来，历经 40 年风雨，从摇摇欲坠的危房到修复为现在大小房屋 53 间、占地 1.9 万平方米、前有池塘后有花园的风貌，体现了党和政府对黄兴历史功绩及贡献的肯定。

2008 年初，中央四部委联合发文决定对全国的博物馆、纪念馆陆续实行免费开放。在一个国家的文明体系中，博物馆文化是十分重要的一篇。免费开放博物馆，让尘封多年的历史被更多公众的目光激活，文化的因子才能在潜移默化中穿越岁月流淌于我们时代的血脉之中。

显而易见，国家对博物馆工作的重视，是希望让更多的人接受精神洗礼，传承文明，弘扬精神。正是在这样惠风和畅的时代背景下，黄兴故居纪念馆的建设“蒙庆受福”，成为越来越多参观者的打卡地，由过去年接待游客几千人到现在年接待游客三十余万人。

2011 年 10 月，湖南省委、省政府在黄兴故居后花园兴建湖南辛亥革命人物纪念馆。依据长县政办发〔2015〕24号文件，该馆建成开放后与黄兴故居纪念馆实行“两块牌子一套人马”的管理模式。

1981年建馆以来，在馆班子成员的带动和全体工作人员的努力下，黄兴故居纪念馆相继被中国侨联授予首批“中国华侨国际文化交流基地”称号，被国家旅游局评定为国家3A旅游景区，被评为“湖南省爱国主义教育基地”“湖南省海峡两岸交流基地”。

参考文献

孙中山. 在广州欢宴各军将领演说词［M］//胡汉民. 总理全集：第一册. 上海：上海民智书局，1930.

居正. 辛亥札记、梅川日记合刊［M］. 上海：大东书局，1947.

黄一欧. 黄花岗起义亲历记［M］//中国人民政治协商会议湖南省委员会文史资料研究委员会. 湖南文史资料选辑：第10 辑. 内部发行：1978.

薛君度. 黄兴与中国革命［M］. 杨慎之，译. 长沙：湖南人民出版社，1980.

毛注青. 黄兴年谱［M］. 长沙：湖南人民出版社，1980.

黄一欧. 谭延闿被迫下台和李仲麟等被杀的回忆［M］//中国人民政治协商会议湖南省委员会文史资料研究委员会. 湖南文史资料选辑（修订合编本）：第 2 集. 长沙：湖南人民出版社，1981.

丘权政，杜春和. 辛亥革命史料选辑：上册［M］. 长沙：

湖南人民出版社，1981.

曹亚伯. 武昌革命真史：正编［M］. 上海：上海书店，1982.

黄一欧. 护国运动见闻杂忆［M］//中国人民政治协商会议湖南省委员会文史资料研究委员会. 湖南文史资料选辑（修订合编本）：第4集. 长沙：湖南人民出版社，1982.

李希泌，曾业英，徐辉琪. 护国运动资料选编［M］. 北京：中华书局，1984.

中国社科院近代史所民国史研究室，等. 孙中山全集：第六卷［M］. 北京：中华书局，1985.

薛君度，萧致治. 黄兴新论［C］. 武汉：武汉大学出版社，1988.

俞辛焞，王振锁. 孙中山在日活动秘录（1913. 8—1916. 4）：日本外务省档案［M］. 天津：南开大学出版社，1990.

郭兆平. 黄兴的时代——十年革命之旅［M］. 长沙：湖南出版社，1996.

刘揆一. 黄兴传记［M］//湖南省政协文史委员会，长沙市政协文史委员会，合编. 忆黄兴. 长沙：岳麓书社，1996.

孙中山. 对驻广东湘军的演说［M］//岭南文库编委会. 孙中山文萃：下卷. 广州：广东人民出版社，1996.

刘泱泱. 黄兴集［M］. 长沙：湖南人民出版社，2008.

中国人民政治协商会议中央委员会文史资料研究委员会. 辛亥革命回忆录［M］. 北京：中国文史出版社，2012.

刘泱泱，等. 纪念黄兴诞辰140周年学术研讨会论文集

[C]. 长沙：湖南人民出版社，2014.

黄柏强. 黄兴长孙黄伟民讲述的二三事［J］. 两岸关系，2016（4）.

中国国民党革命委员会湖南省委员会. 民革前辈与湖南和平解放［M］. 北京：团结出版社，2019.

后 记

黄一欧是辛亥革命元勋黄兴的儿子，是中国同盟会成立后率先入会、年龄最小的会员，是辛亥革命期间冲锋陷阵、浴血奋战的战士，是擘画城市建设、人民利益至上的古城长沙首任市级行政长官，是1949年湖南和平起义前后心系桑梓、力主和平的英雄，是风云变幻中坚持立场、正直不屈的民革先驱，是中国近代史上不应忽视的民主革命人物之一。

黄一欧也是我们的祖父。余生也晚，承欢祖父膝下的时光过短。但祖父生前耳提面命，谆谆之声犹在耳际。祖父去世后，家人亲友整理他的遗物遗墨，追思他的风云往事，更加深刻地感受到他践行和传承“笃实”“无我”家训的风范。

今年是辛亥革命110周年，为更好地缅怀革命先贤、传承红色基因，我们搜集和整理大量资料，将祖父的生平重要事迹按时序梳理成章，并以曾祖父的诗文联语命名篇章，从而编成此书。本书的出版将为辛亥革命历史研究工作带来一定的作用，能让黄一欧研究工作得到进一步的发展和深入，这是我们最大的愿望。当然，由于时间仓促等原因，本书的编写和出版可能存在着不尽人意之处，我们诚恳地欢迎读者批评指正。

本书的出版，得到了民革湖南省委、湖南省黄兴研究会、古麓山寺、湖南省佛慈基金会、中共长沙县委统战部、黄兴故居纪念馆和各级领导、专家学者、黄兴黄一欧其他亲友的支持和帮助，在此一并表示感谢！

黄柏禹、周烨　敬书

图书在版编目(CIP)数据

男子要为天下奇:黄一欧传/黄柏禹,周烨著.—长沙:岳麓书社,2021.6

ISBN 978-7-5538-1481-0

Ⅰ.①男…　Ⅱ.①黄…②周…　Ⅲ.①黄一欧(1892—1981)—传记

Ⅳ.①K827=7

中国版本图书馆 CIP 数据核字(2021)第 001387 号

NANZI YAO WEI TIANXIA QI:HUANG YIOU ZHUAN

男子要为天下奇:黄一欧传

作　　者:黄柏禹　周　烨

责任编辑:李伏媛

责任校对:舒　舍

封面设计:山和水

岳麓书社出版发行

地址:湖南省长沙市爱民路 47 号

直销电话:0731-88804152　0731-88885616

邮编:410006

版次:2021 年 6 月第 1 版

印次:2021 年 6 月第 1 次印刷

开本:889mm×1194mm　1/32

印张:8.75

书号:ISBN 978-7-5538-1481-0

定价:58.00 元

承印:长沙鸿发印务实业有限公司

如有印装质量问题,请与本社印务部联系

电话:0731-88884129